Hans-Jörg Koch

Horch emol!

ORIGINALTON RHEINHESSISCH

Neunte, erweiterte Auflage

verlag regionalkultur

Impressum

Hans-Jörg Koch: *Horch emol*
Originalton rheinhessisch

Zeichnungen: Jupp Jost
Herstellung: verlag regionalkultur (vr)
Umschlaggestaltung: Jochen Baumgärtner, vr

1. Auflage: August 1993
2. Auflage: September 1993
3. Auflage: Januar 1994
4. Auflage: August 1997
5. Auflage: September 1999
6. Auflage: April 2002
7. Auflage: Mai 2006
8. Auflage: Januar 2010
9. Auflage: November 2018

Bibliografische Informationen der Deutschen Nationalbibliothek
Die Deutsche Nationalbibliothek verzeichnet diese Publikation in der Deutschen Nationalbibliografie; detaillierte bibliografische Daten sind im Internet über http://dnb.d-nb.de abrufbar.

ISBN 978-3-95505-094-8

Inhalt

Fünfzehn Lektionen Rheinhessisch

Das Mundart-Seminar

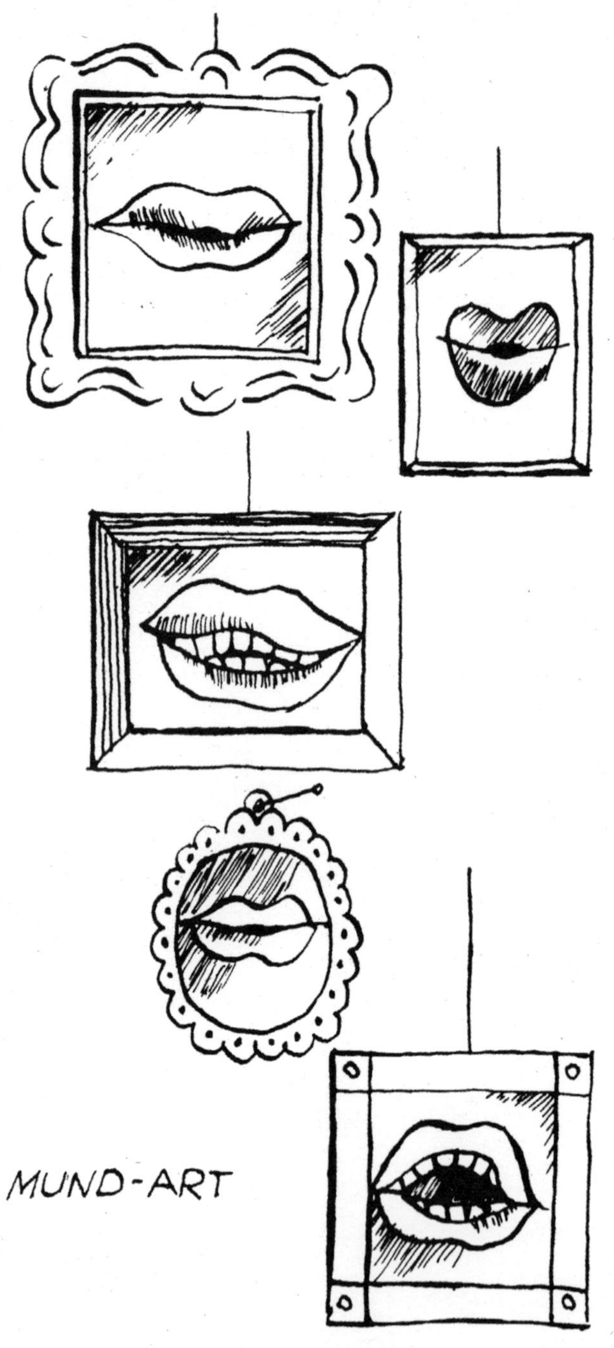
MUND-ART

Ehr Kenn gehn erenn

In der ersten Lektion

wird zu klären versucht,

ob es denn überhaupt eine

rheinhessische Mundart gibt

Seit 175 Jahren gibt es den Namen „Rheinhessen“ für das Land zwischen Bingen, Mainz, Worms und Alzey. Im Jahre 1816 wurde es der Provinz Hessen zugeschlagen, im Jahre 1818 erhielt es seinen heutigen Namen, war dann Teil des Großherzogtums Hessen-Darmstadt und gehört heute zu Rheinland-Pfalz.

Der Name, naturgemäß auch auf die Bewohner der Region übertragen, war nicht organisch gewachsen, sondern erdacht worden. Aber er hat nicht nur durch den Wein, sondern auch im Selbstverständnis aller, die hier wohnen, Eigenständigkeit erlangt, so schwierig es draußen sein mag, ihn gegen Landes- oder Gebietsnamen wie Hessen, Rheinland oder Pfalz abzugrenzen.

Niemand kann ernsthaft mehr leugnen, daß ein homogenes Gebilde entstand, das sich auch in „seiner Mundart“ zu erkennen gibt. Der Hinweis, in diesem Konglomerat der Völkerschaften, in dieser Zufallsmischung politischer Gebietsbildung existiere kein geschlossener Dialekt, jeder Ort pflege seine sprachlichen Besonderheiten gegenüber dem anderen (so Karl Schramm, ehedem Chefdramaturg des Mainzer Stadttheaters und hervorragender Dialektkenner), trifft zwar zu. Es gibt teilweise schon zwischen benachbarten Gemeinden deutliche Sprachabgrenzungen. So heißt es beispielsweise in Wörrstadt

Ehr Kenn gehn erenn, de Wend weht so kalt!

schon im unmittelbar benachbarten Saulheim hingegen hieß es noch vor nicht allzulanger Zeit

Ehr Kinnjer, gihn erinn, es Windje weht so kalt!

(die Endung -je hat sich inzwischen abgeschliffen).
Aber dies ist keine hiesige Erscheinung, sie ist in allen Dialektgebieten fest-

zustellen. Die Grundtöne heimischer Mundart sind durchaus erkennbar, und auch an fernen Urlaubsgestaden kann der Kenner „den Rheinhessen“ an seiner Mundart heraushören und vom Frankfurter, Darmstädter oder Ludwigshafener akustisch unterscheiden.

Natürlich ist Mundart in ihrer Urform (wo es die gegeben haben könnte) in einer Zeit ständiger Zuwanderung – in Rheinhessen seit der Völkerwanderung gewohnt – nicht mehr vorhanden. Die Sprachangleichung schreitet fort, zumindest die Bereitschaft auch der Alteingesessenen, sich auf zwei oder gar drei Arten verständlich zu machen: Im engeren Familien- und Freundeskreis (früher konnte man noch sagen: auch im Stall) auf „altrheinhessisch“, auf der nächsten Stufe des Umgangs miteinander in „aufgebesserter Mundart“, und schließlich dort, wo Reden auf der Verbandstagung oder das Gespräch mit Kunden anstehen, in „Hochdeutsch mit Einsprengseln“ (was gelegentlich zu kuriosen Sprachfrüchten führt).

Aber man hat erkannt, daß heimische Mundart ein wesentlicher Teil rheinhessischer Identität und Ausdruck des Lebensgefühls einer Landschaft ist, daß sie zu ihr gehört wie die von Boden und Rebsorte bestimmte Art ihrer Weine, und daß man gut daran tut, Mundart darum nicht vergehen zu lassen, mag auch manche Redewendung allmählich verblassen und man ihren Sinn nicht mehr erkennen. Nicht vornehm „von Puhl zu Pool“ fortschreiten, nicht die „Bremsermussik“ lächerlich zur „Bremsertime-Disco“ verkommen lassen, nicht die traditionellen Fastnachtskreppel verleugnen und „Berliner“ heißen und nicht die Weinkönigin (der Verbandsgemeinde oder der ganzen Region) als „Weinqueen“ vorstellen. Verzichte, die nicht notwendig sind und nur der sprachlichen Gleichmacherei Vorschub leisten.

Rheinhessische Mundart ist eine Fülle sprachlicher Feinheiten, Spielarten und Absonderlichkeiten, sie hat keinen Einheitsklang, gottlob nicht, und ist, wie überall, meistens als ein Gemisch von Hochdeutsch und Urworten anzutreffen, als eine Art „Honoratioren-Rheinhessisch“. Denn der Rheinhesse möchte verstanden werden und kein „Bauer“ sein, aber er möchte auch nicht freiwillig auf Gewachsenes verzichten, und so rettet er sich in eine Art „Zweisprachigkeit“.

In diesem Bändchen werden besonders reizvolle Produkte der grobwarmherzigen Mundart Rheinhessens vorgestellt, in 15 „Lektionen“ und einem „Mundart-Seminar“ erklärt und nahegebracht, im Ernst und (überwiegend) im Spaß.* Kein allumfassendes Nachschlagewerk sondern eine genüßliche Auslese typischer Ausdrücke, Redewendungen und „rhoihessischer Sprich“.

Eine Landschaft, die ihre Mundart aufgibt, verarmt. Dies ist kein zeterndes Bekenntnis angeblich „Ewiggestriger“ und keine Blüte abstruser Blut- und Boden-Tümelei. Die Rheinhessen mögen sich nicht von akademischen und anderen Besserwissern beschwatzen lassen und stolz sein auf das, wodurch sie unverändert erkennbar bleiben: ihre Mundart und ihr Wein. Daß aus beiden auch viel ungekünstelte Freude erwachsen kann, sei denen verraten, die es noch nicht wissen.

In diesem Sinne: *Horch emol* (höre einmal zu !)**.

* Als Dialektform ist die „durchschnittliche Sprechweise“ des inneren/mittleren Rheinhessen gewählt, in welcher der Autor am meisten „zuhause ist“. „St“ uns „sp“ werden der besseren Lesbarkeit wegen entgegen der tatsächlichen Aussprache nicht als „Scht“ und „Schp“ geschrieben.

** „Horch emol!“ bedeutet je nach Tonfall und Situation, daß man eine Mitteilung machen, etwas fragen, vor etwas warnen oder zum Zuhören auffordern möchte.

Vornehm Gebabbel

In der zweiten Lektion wird ersichtlich, wie man versucht, das Mundwerk umzuformen

Mundart ist „in“. Sie war es nicht immer, und auch in unseren Tagen schaut mancher „hochdeutsch“ Sprechende geringschätzig auf solche herab, die „babbele wie de Schnawwel gewachse is“.

Besonders Kinder aus ur-rheinhessischen Familien (wozu ich auch die Mainzer zähle) hatten seit jeher ihre Probleme mit den Lehrern, und um-gekehrt. Im Jahre 1892 erschien in der Zeitschrift GERMANIA auf Seite 423 ein Beitrag von Hans Reis zu diesem Thema. Er stellt zunächst fest,

> *die Laute eu, ü, ö, welche der Schriftsprache gemäß angewendet werden müßten, sind in der Mundart durchaus fremd; es stehen ihnen physische Schwierigkeiten entgegen*

was einfacher ausgedrückt besagt, daß ein Rheinhesse diese Laute auch bei größtem Bemühen nicht aussprechen kann, weil seine Sprechorgane nicht so gestaltet sind, daß ihm dies gelingen könnte. Statt dessen werden die Laute ai(ei), i und e gesprochen:

> *die Leit (die Leute), die Kih (die Kühe), die Heh (die Höhe).*

Denn das vornehm gespitzte „Schnütchen“, dem so runde Laute entweichen könnten, ist nicht angeboren, die rheinhessische Mundart ist breit und bequem.

Danach untersucht Reis eine andere typische Ausspracheerscheinung: g und ch werden als sch gesprochen. Er schreibt hierzu:

> *Im Gegensatz zur Mundart mußte man auf eine deutliche Aussprache des g halten, und indem dieser Laut mit voller Kraft, d.h. mit vollen Backen gesprochen wurde, konnte leicht ein sch entstehen. Dies wurde zunächst vom Lehrer verbessert und war ohne Dauer. Erst seit dem Ende der fünfziger*

Jahre wurde das sch immer häufiger… Bald drang sch auch in die stammverwandten Worte ein,in denen die Mundart den Reibelaut im Ausgang hatte. Man sagte also leschte (legte); Lüschner (Lügner), seschnen (segnen), sorschen (sorgen) … Ähnliches fand bei ch statt.

Daß dem Pädagogen dies mißfällt, läßt Reis bald erkennen, denn er schreibt:

Da erhob sich aber bei vielen älteren, richtig sprechenden Vätern und Lehrern eine kräftige Gegenwirkung. Man machte die Jugend auf das „Feine" des ch aufmerksam, und diese Belehrungen hatten guten Erfolg. Seit den siebziger Jahren ist das sch immer mehr geschwunden, nur hie und da spukt es noch … In Concerten und Kirchen in Mainz kann man heilische, selische noch hören … Jetzt wirkt die Schule dieser Unsitte entgegen; mit welchem Erfolg wird die Zukunft lehren.

Die Zukunft hat es gelehrt: Das Bemühen war von geringem Erfolg, außer man berücksichtigt, daß die „Zuwanderung von Meßfremden", Tourismus und Fernsehen auch die Mundart beeinflußt, manchen alten Ausdruck ausgemerzt und die Sprechweise „verfeinert" haben. Die von Reis beklagten „Grundübel" leben aber fröhlich fort. Das Rheinfränkische ist sehr lebendig. Das bäuerlichbreite sch ersetzt auch das st („Feschd" statt Fest) oder Sp („Schparchel" statt Spargel), auch die Vereinfachung zusammengesetzter Mitlaute: Das Pf wird auf P reduziert („Parrer" statt Pfarrer).

Mit solchen Ausspracheproblemen haben Lehrer(innen) auch heutzutage noch ihre Schwierigkeiten. Irmgard Dickmann-Schuth, aus (Mainz-) Gonsenheim stammende Lehrerin, bemerkte dazu im Jahre 1983:

Manche tun alles, um mundartliche Eigenheiten zugunsten eines sterilen Hochdeutsch einzuebnen. Meist läuft das auf ein (provinziell klingendes) Möchtegern-Hochdeutsch hinaus.

Sie weiß auch aus ihrer eigenen Schulzeit (Grundschule) zu berichten, zu welch kuriosen Ergebnissen die Versuche sprachlicher Umerziehung führen:

In der Grundschule: Die Lehrerin määnzert selberster, hat es sich aber zum Ziel gesetzt, uns „gebildetes" Sprechen beizubringen. Wir sind nicht „Buwe und Mädscher", sondern „Jungen und Mädels"; „Hinkel" und „Wuzze" werden zu nicht existierenden Tierarten erklärt. Statt „De Bauch dut mehr weh!" müssen wir sagen „Mir ist unwohl!" (später sollte daraus „unpäßlich" werden). Wir gehen auch nicht mehr einfach „uff de Abeh", sondern wer muß, hat zu fragen: „Darf ich mal zur Seite!" Was bei einer anderen Lehrerin, die diesen erlesenen Code nicht kennt (wahrscheinlich geht sie schlicht und unakademisch aufs Clo), zu völligem Mißverstehen und zu wachsender Bedrängnis der Fragenden führt.

Das Nichtverstehen ist auch auf seiten der Schüler und drückt sich aus in der verzweifelten Anmerkung:

Awwwer mer redde dehääm all so!

In ihren Gedicht „Määnzer Deitsch" hat Erna Klein-Listmann diese Konfliktsituation trefflich skizziert:

Wannsde in die Schul kimmst,
Lernste, wiesde sprichst,
Was du klääner Määnzer
All for Fehler michst.
Dann von acht bis ääns,
„Wannsde, wosde, wiesde"
Secht mer nor in Määnz.

Vergeblich versuchte im Jahre 1934 ein norddeutscher Lehrer „Binger Buwe" im dortigen Gymnasium Hochdeutsch beizubringen. Nach der lebhaften Erinnerung eines damaligen Schülers entwickelte sich folgender Dialog (mit Blick zur nahegelegenen Burg Klopp hin):

Lehrer:	Schüler:
Was siehst du dort oben?	*E Borsch*
Das heißt Burg, sage Bu!	*Bu*
Sage Bur	*Bur*
Sage Burg	*Burg*
Also was steht da oben?	*Ei, e Borsch!*

DIE KIH
DIE KÜHE

Inzwischen hat man die Mundart auch „offiziell wiederentdeckt".* Es werden Mundartwettbewerbe und Mundartfestivals (von der Landesregierung unterstützt) veranstaltet, und ein Verein „Mundwerk" hat sich gegründet. Mein Schimpflexikon „Wenn Schambes schennt" wurde, zur eigenen Überraschung, sogar zum Schulgebrauch empfohlen.

Bei solcher allseitiger „Aufklärung" werden jene Übersetzungsprobleme seltener werden, von denen der Kabarettist Hans Dieter Hüsch aus seiner Studienzeit in Mainz berichtet (in: „Du kommst auch drin vor", 1990 bei Kindler erschienen). Er hatte damals eine Bude bei der Witwe Borsudski in der Grabenstraße und dort „so richtig Meenzerisch gelernt", wie er autobiographisch bekundete. Die Vermieterin habe oft gesagt:

Flocki, de Drecksbankert, gauzt als uff de Gass erum,

was Hüsch zutreffend wie folgt übersetzt: „Flocki, der elende Mischlingshund, bellt immer auf der Gasse herum."

Aus schulischem Bemühen, den Kindern „gutes Deutsch" als alleinige Verständigungsart beizubringen, aber auch aus eigenem „Was-Besseres-sein-wollen" und dem sonderbaren Komplex, nicht „fein genug" zu sprechen und als „Klowe vom Hinnerland" angesehen zu werden, enstanden schon immer kuriose Wortblüten als „Hochdeutsch mit Einlagen". Das gilt besonders für den Gebrauch der Buchstaben „ch" und „sch", die vornehmlich in öffentlichen Veranstaltungen zu einem gesprochenen „g" abgewandelt werden (obwohl umgekehrt das „g" des geschriebenen Wortes in der rheinhessische Mundart zu einem „ch" oder „sch" wird!).
Einige Beispiele für dies alles (erlebt und erlesen):

Man muß den Wein riegen!

* Dem Oberlandesgericht Oldenburg war es vorbehalten, bereits in einem Beschluß vom 10. Oktober 1927 („Höchstrichterliche Rechtsprechung" 1928 Seite 389) bewußt zu machen, daß auch vor Gericht die Mundart als „deutsche Sprache" gilt und daher ein Zeuge sich in dieser ihm gewohnten Ausdrucksweise mitteilen kann.

(Ausdrucksweise vieler Weinprobesprecher bei dem Hinweis, wie man den Wein verkosten solle), oder

Und dann hat meine Mutter mir ein Worschteschtick geschmeert

(aus einem Grundschulaufsatz, der den Tagesablauf des Schülers beschrieb).

Heit morje weilte er noch unter uns

(Nachricht über den plötzlichen Tod eines Mitbewohners).

Als ich letzte Nacht nach Hause kam, war meine Frau noch offen

(Bemerkung gegenüber Stammtischbrüdern, mundartlich: „… war mei Fraa noch uff“).

Sagten Sie noch eppes?

(sagten Sie noch etwas?, wobei das mühsam-betonende „pp“ anstelle des mundartlich richtigeren „bb“ das Bemühen um besonders vornehme Sprechweise kurios hervorhebt).

Und hiermit überreiche ich die Fahnenschlaafe

(Aus der Ansprache eines Vereinsvorsitzenden).

Darf ich die Künstler auf die Bihne bütten

(Der rheinhessische „Moderator“ beim Bunten Abend).

Herr Prälat, die Leute haben den ganzen Tag auf Sie gelurt

(der Pfarrer, um auszudrücken, man habe dem ganzen Tag gewartet).

Habt ihr auch Mäuse auf dem Speucher?

(Frage an die Nachbarin).

Gestern Abend gingen wir den Selzbach anten

(anne gehe = entlanggehen; auch hier drückt der mundartfremde Konsonant „t“ die sprachliche „Anstrengung“ aus).

Anni, bleiben Sie besser da hunten

(zur Hausgehilfin, die eine wacklige Stehleiter benutzen möchte).

In diese Kategorie gehören auch zungenbrecherische Wortverlängerungen wie

selberster, anderster

(statt: selbst, anders), ebenso die Betitelung der sog. „Höhergestellten“ (bürgerliche Oberschicht, Prominente usw.) als *höchere Leut*

in leicht ironisierender, aber nicht hämischer Weise.

Ähnliche Erlebnisse hatte offensichtlich auch der Kurpfälzer Karl Gottfried Nadler (1809-1849), der in „Die hochdeutsche Nähersmädle" die Hulda in einer Mischung aus hochdeutsch und pfälzisch schwärmen läßt:

Der Buffink pfeift im Laab, den Schöpfer lobend,
Ein wahrer Wonneabend ist's heut owend!

Daß die Rheinhessen Mundart als ihre eigentliche Sprache empfinden und mit dem Begriff „hochdeutsch"wenig anfangen können, läßt eine Szene erkennen, die sich in unserer Zeit so abgespielt hat:

Ein kleines Mädchen wird von seiner Mutter mit dem Fahrrad im Kindergarten abgeholt. Es wartet ungeduldig darauf, daß diese ihre Unterhaltung mit einer anderen Frau beendet, und drängt sie mit den Worten: „Mama, stei uff !" *Hierauf die Mutter belehrend: „Steffi, sprich hochdeutsch, das heißt: bitte stei uff!"

Das Verb „aufsteigen" kann aber selbst als Versuch einer „vornehmen Ausdrucksweise" gebraucht werden. So fragte eine Rheinhessin, die als Patientin im Alzeyer Krankenhaus war, die Ärztin bei der Visite: „Frau Dokder, wann derf ich dann aufsteigen?" Worauf die Ärztin, den Sinn der Frage erkennend, antwortet: „Morgen dürfen Sie ein wenig aufsteigen." Als ihr Ehemann sie danach besuchte, berichtete ihm die Rheinhessin in gewohnter Ausdrucksweise:

Ich derf ball uffschteie!

In diese Kategorie gehört folgendes „Gespräch bei Tisch". Der Bub: „Vadder, dir hängt e Nudel an de Gusch!". Die Mutter: „Du Lausbub, wie kannsde ‚Gusch' sage zum eigene Vadder soine Schnud!?"

* Steige auf das Fahrrad, damit wir heimfahren können!

Wie man konjugiert

In der dritten Lektion werden den Leser die Grundregeln rheinhessischer Wortbeugung nahegebracht

Eine rheinhessische Mundart-Grammatik wäre hilfreich, aber so umfangreich, daß niemand sie lesen würde. Deshalb wird auf die Alltagspraxis des Zuhörens verwiesen.

Aber am Beispiel eines besonders großen Problems soll wenigstens eine Ahnung vermittelt werden, worauf der Lernende sich – im Gegensatz zum Studium von Suaheli oder Altgriechisch – einläßt. Es handelt sich um die Konjugation des Verbs, des Tätigkeitswortes, ohne deren Kenntnis der Umgang mit Ur-Rheinhessen sehr beschwerlich wird.

Vier Wörter sollen Übungshilfen geben: ich habe, ich bin, ich täte, ich jammere laut und breit (auch im Frageform).

ich hunn	*hunnich?*	*ich deed*	*deedich?*
du hoscht	*hosche?*	*du deedst*	*deedste?*
er hott	*hotter?*	*er deed*	*deeder?*
mer hunn	*hummer?*	*mer deeden*	*deedemer?*
ehr hunn	*hunner?*	*ihr deed´*	*deedener?*
sie hunn	*hunnse?*	*sie deeden*	*deedense?*
ich sein	*seinich?*	*ich plärr*	*plärrich?*
du bischt	*bischde?*	*du plärrst*	*plärrste?*
er is	*isser?*	*er plärrt*	*plärrter?*
mer sein	*seimer?*	*merr plärren*	*plärremer?*
ehr sein	*seiner?*	*ihr plärrt*	*plärrter?*
sie sein	*seinse?*	*sie plärrn*	*plärrense?*

Wichtiger Hinweis: die Vergangenheit wird immer nur im Perfekt gebildet, nicht im Imperfekt (außer bei Angleichung an die hochdeutsche Ausdrucksweise), also:

ich hunn gehatt	*(nicht: ich hatte)*
ich hunn geß	*(nicht: ich aß)*
ich bin gang	*(nicht: ich ging)*
er is gestorb	*(nicht: er starb)*
er hot gesung	*(nicht: er sang)*
er hot gejaunert	*(nicht: er jammerte)*

Zur Erfrischung ein rheinhessischer Mundart-Zungenbrecher:

Hunnert Hemmer hengen haus *
hinner Henner Henners Haus.
Hinner Henner Henners Haus
hengen hunnert Hemmer haus

(hochdeutsch: hundert Hemden hängen hinter dem Haus von Henner Henner)

Noch eine Sprechübung für Fortgeschrittene:

Schaa, die Sunn scheint schun schee!

(hochdeutsch: Jean, die Sonne scheint schon schön!)

* heraus

WAS
PLÄRRSCHDE...

Zitate von Bühne und Bibel

In der vierten Lektion wird
die unpathetische Art
rheinhessischer Ausdrucksweise
drastisch vermittelt

Theater-(Opern-)Hochdeutsch	***Alltagsrhoihessisch***
Holdes Mädchen, hör mein Flehen	*Alla, mach kää Gedeens un laß mich erinn!*
Leuchtest mir, oh Morgenröte, zu neuem Tageslauf!	*Gewirrerdunnerkeil, krieh die Krenk, schun wirrer uffstehe!*
Reich mir die treue Hand, mein Freund, und laß uns fürbaß wandeln	*He, Kumbeer, wolle mer aane hebe gehe?*
Kein edler Knappe ist's, den, Jungfrau, Ihr Euch da erkieset!	*En scheene Butzlumbe- zuggler hoste Dir do uffgegawwelt, moi Maad!* *
Der Herr dort hat, dünkt mich, des edlen Tranks zuviel genossen	*Der Kordeldebb do driwwe hot sich die Schnud gedunkt un is belzisch*
Hab, schönes Fräulein, Eures Namens just vergessen!	*Freileinche, ich kenn Se, awwer ich kumm net uff Se!* **

* = Mein Mädchen. Übliche, wohlwollende Anrede älterer Herren gegenüber Rheinhessinnen jeden Alters

** Kontaktversuch auf rheinhessisch. Nur bei Mundartunkundigen sind Fehldeutungen möglich.

Zitat · Bibel	***Rhoihessische Weisheit***
Soll ich meines Bruders Hüter sein? (1. Mos 4, 9)	*Der Dolldabbscher kann sich selwer umdue*
Bleibe im Lande und nähre Dich redlich (Psalm 37, 3)	*Was machsde uff Idallje, in Kawwerschlawerschem läßt sich aach lewe*
Der Rest ist für die Gottlosen (Psalm 75, 9)	*Die Treschderbrieh kannste selwer saufe*
Wie man mir tut so will ich wieder tun (Sprüche 24, 29)	*Wenn Eiern Scheber unsern Schebber nochemol Schebber schennt schennt unsern Schebber Eiern Schebber solang Schebber bis Eiern Schebber unsern Schebber net mehr Schebber schennt*
Hebe Dich weg von mir, Satan (Apage Satanas; Matth. 4, 10; Luk. 4, 8)	*Mach Dich fort du Deiwelsbroode*
Geben ist seliger denn nehmen (Apg. 20, 35)	Wenig bekannte Erkenntnis hierzulande („*Wann mer gewwe, gewwe mer gern – awwer mer gewwe nix*“)

Goethe und Schiller

Das ist des Landes nicht
der Brauch
(Goethe, Faust)

Uff eich Spitzgligger
hunn mer grad gewaad‘

Teures Weib, gebiete
Deinen Tränen
(Schiller, Hektors Abschied)

Was plärrschde so,
du narrisch Lochstick?

Was ist der langen Rede
kurzer Sinn?
(Schiller, Die Piccolomini)

Babbel net soviel Geseires,
mer pressierts!

Verweile doch,
Du bist so schön
(Goethe, Faust)

Kumm bei mich bei,
du goldisch Krott!

Meine Minna geht
vorüber? Meine Minna
kennt mich nicht?
(Schiller, An Minna)

Noch net emol die Zeit
gebott? Du doll Dier
kannst mer de Huwwel
ausbloose! *

Man lebt nur einmal
in der Welt
(Goethe, Clavigo)

Was griwwelsde un simme-
leersde alsfort – du lebschd
nor so korz un so lang
bischde dood!

* „Die Zeit bieten“ bedeutet: grüßend die Tageszeit nennen (guten Morgen, guten Tag, guten Abend). „De Huwwel ausbloose“: siehe Seite 36

Wer hott der hott

In der fünften Lektion wird
rheinhessisches Selbstverständnis
schonungslos erläutert

Rheinhessen ist nicht mehr nur ein Land der Bauern und Winzer. Industrie, Handel und Gewerbe nehmen immer mehr Raum ein, Dörfer wachsen zu Mittelzentren und kleinen Städten im Einzugsbereich des Rhein-Main-Gebietes heran. Dennoch ist bäuerliches Denken auch im Dialekt noch unverkennbar verwurzelt.

Ein wesentliches Element, das auch sprachlich immer wieder deutlich wird, ist ein unübersehbarer, von manchen kritisch als inhuman bewerteter Besitzstolz. Er ist freilich nicht allein typisch rheinhessisch, sondern überall dort zu finden, wo Grund und Boden Existenzgrundlage und über Generationen gemehrt worden sind. Eine unzweifelhaft rheinhessische Redewendung ist jedoch der Ausspruch

Mer strunze net, mer hunn!

Die benachbarten und stammes- oder allgemeingeschichtlich verbundenen Gebiete der Pfalz und des Rheingaus haben ihn übernommen.

Mit diesem Bekenntnis wird Besitzstolz offen gezeigt, zur Schau getragen und der „Habenichts“ herablassend und abschätzig betrachtet. Dies geschieht mit dem unausgesprochenen Vorwurf, wer nichts erarbeitet habe sei selbst schuld daran. Schicksalhaftes wird wenig respektiert, die eigene Leistung ist Gradmesser und vermeintlich immer möglich.

Der Ausspruch „Mer strunze net, mer hunn“ ist zum Markenzeichen rheinhessischen Bauernstolzes geworden, egal ob man ihn mag oder nicht. Auch in einer nicht mehr so mundartproduktiven Zeit wird er zunehmend zitiert. Zugezogenen muß er übersetzt werden. Und so ist er zu verstehen:

... MER HUNN

Wir brüsten uns nicht mit Besitz und Vorzeigbarem, wir machen nicht die Show, wir sind keine Prahlhänse und Hochstapler, sondern können uns mit unserem Besitz wirklich sehen lassen, denn wir haben ihn ehrlich und mühsam erworben. Das alles kommt darin zum Ausdruck – wenig Jenseitigkeit, viel Selbstbewußtsein bis zur überzogenen Egozentrik. Diskutiert wird über die moralische Berechtigung dieser Aussage nicht, Zweiflern wird bündig entgegnet:

*Wer hott, der hott!**

Rheinhessische Gastfreundschaft ist dennoch herzlich (siehe dazu Seite 55). Natürlich wohnen auch in dieser Region „Sparbreedcher" (Geizkragen). Ihre betonte Zurückhaltung Gästen gegenüber wird persifliert in dem Ausspruch der Bauersfrau, die „großzügig" auffordert:

In de Kich hunn ich noch e halb Ei,
do kennen Ehr eich e Stick devun erunnerschneide!

Wenn jemand entgegen Landessitte dem Besucher aber nicht einmal ein Glas Wein anbietet, dann gibt es allerlei Möglichkeiten, um dem Gespräch doch noch eine andere Wendung zu geben, so etwa folgende Frage:

Hunn Ehr en Wingertsplug?

Wird die Frage erwartungsgemäß bejaht, dann folgt der Nachsatz:

Dann hunn Ehr aach Woi, holen emol eruff!

Ganz hartnäckigen „Verweigerern", die sich ständig wiederkommender „Schnudedunker" erwehren wollen, kommt man allerdings auch mit solchen Anzüglichkeiten nicht bei. So wird von einem Winzer berichtet, der das fast täglich zum gewohnten „Halben" ganz zufällig einkehrende „Dorforiginal" schließlich fragte, ob er denn heute schon etwas gegessen habe. Als der Besucher verneinte, erwiderte der Winzer: „Dann kannste aach noch nix trinke!". Am nächsten Tag antwortete der Besucher, nun schlauer geworden, auf dieselbe Frage bejahend, worauf ihm geantwortet wurde: „Na, dann hoschde bestimmt aach schunn ebbes getrunk!" Und wieder blieb das Glas leer.

* Zur Konjugation dieses Verbs siehe Seite 18.

Zurückhaltend aber ist man meistens, wenn es darum geht, für nicht einsehbare Zwecke zu spenden (siehe dazu das einschlägige Zitat Seite 23). Nach der Devise „Morje zu Morje“ (Grundbesitz zu Grundbesitz) werden landwirtschaftliche Gesellschaftstreffen („Kränzchen“) noch heute veranstaltet, und beabsichtigte Einheirat begründet regelmäßig das „berechtigte Interesse“ an Grundbucheinsicht.

Heiratet der verwitwete Landwirt nochmal, dann ist dem Glück, eine viel jüngere Frau zu finden (früher oft die Magd) völlig gleichgeachtet, wenn „die Zweite“ bei fehlenden körperlichen Vorzügen „Sach mitbringt“und durch eingebrachtes Gut die Hektarzahl vergrößert, nach dem Motto: „Sach zu Sach“.

Daß Besitz zu Besitz finde klingt auch an in der Redewendung

Wo Dauwe sinn do fliee Dauwe hie!

(oder auch, derber ausgedrückt: „De Deiwel scheißt immer uff die greeschte Haufe!“)

Pfarrer Wilhelm Hoffmann schreibt in seiner 1932 erschienenen „Rheinhessischen Volkskunde“ hierzu: „Alle Schilderer des rheinhessischen Volkes sind sich einig in der Anerkennung seiner Arbeitssamkeit... Die Kehrseite davon ist ein ausgeprägter Materialismus, der sich nicht selten bis zum Geiz und zur Hartherzigkeit steigert“, und ein ehrenwerter Gemeindebaumeister vermerkte im Jahre 1916 in der Chronik seiner Familie: „Es gilt meistens nur der etwas, der arbeitsam ist und seine Wirtschaft in Ordnung hält. In häßlicher Übersteigerung dieser Einstellung wird aber oft auch der Wert eines Menschen nicht nach seinem inneren Wert, sondern nach seinem Besitz geschätzt.“

Der Besitzende bedarf keiner Rechtfertigung, es genügt, materiellen Reichtum vorweisen zu können, denn:

Hoschde was, bischde was! Bischde was, hoschde was!

Von wegen „ora et labora": Das zweite jahraus jahrein oft bis zum Exzeß, das erste nicht mehr so oft, solange Neuzüchtungen und andere Düngung höhere Erträge ohne sieben magere Jahre brachten. Es gilt recht vordergründig:

Was mer hunn, des hunn mer!

Den Besitz („die Äcker") zu mehren ist fast Lebensinhalt, und dieses Denken (die „Anschaff-Ideologie") reicht bis in die „zwischenmenschlichen Beziehun-gen" hinein – so wenn von einem betagten Rheinhessen gesagt wird:

Der hot sich e jung Fraa aageschafft!

Das alles schließt nicht aus, daß Unzufriedenheit immer dann gezeigt wird, wenn man erhofft, damit ein Mehr an Zuwendung, an Subvention im modernen Sinne, amtlich zu erreichen. Dies wird schon aus dem alten Hessen-Darmstadt berichtet, dem Rheinhessen einst zugehörte: Da waren über Jahre Klagen zu hören, die Kartoffeln seien zu klein geraten. Nun brachte ein neues Jahr eine reiche Ernte, viele dicke „Grumbeere" wurden ausgemacht. Der Großherzog bereiste das Land und erkundigte sich, ob man jetzt zufrieden sei. Das wurde zu seinem Erstaunen verneint, und auf die Frage, warum denn noch immer nicht, kam die Antwort:

Jetztert hummer kaa klaane Kardoffel fer die Seierche!

(Jetzt haben wir keine kleinen Kartoffeln für die Säue = Schweine).

Und gewagt wird auch nicht viel, Besitz wird nicht riskiert. Bekannt ist die Anekdote von dem Bauern, der in Mainz vor der Spielbank stand, überlegte ob er hineingehen solle, und sich dann entschloß, dies nicht zu tun, denn:

Das Hunn-ich is mehr doch liewer als des Hätt-ich!

So wird auch abgewogen zwischen dem Habenkönnen und menschlichen Beziehungen. Im Extremfall wird dabei (wirklich?) dem Nutzvieh ein höherer Rang zugestanden als Familienangehörigen (wie beispielsweise der Frau: siehe das Zitat auf Seite 67). Ein klassischer Ausspruch ist die folgende tiefsinnige Bemerkung:

Wann mer unsern Großvadder net hätten,
kennde mer glatt noch e Seiche halle.

was bedeutet: Großvater hat noch guten Appetit, sonst ist er eigentlich zu nichts mehr nutz (er steigert das Bruttosozialprodukt des Betriebes nicht mehr). Was er verzehrt, davon könnte man gut und gern ein Schlachtschwein mästen.
Auch weiß man, daß nicht nur der Hände Arbeit das „Hunn" möglich macht, sondern auch danach zu trachten ist, Äcker mit Äckern zusammenzuführen. Das drückt sich in einer anderen rheinhessischen Lebensweisheit aus:

Zu dritt schaffe
zu zwett schloofe
alläa erwe.

Wobei zu dem „erwe" freilich auch jene aus schmerzlicher, allseitiger Erfahrung geborene Einsicht gehört, die in die zeitlose Frage mündet:

Hunn ehr schun gedaald orrer seiner noch aanisch?

Nun darf aber nicht verschwiegen werden, daß der Wein gelegentlich zu höherer Einsicht verhilft und man sich mit dem „Mer strunze net, mer hunn" nicht immer gar so wichtig nimmt wie man tut. „Die alt Strunzern" ist ein wenig lächerlich (wenn auch meistens dann, wenn dem Besitzstolz der wahre Hintergrund fehlt), die harmlosen Schimpfworte „Strunzbeidel" und „Strunzbix" weisen in dieselbe Richtung, und die 1970 gegründete Weinbruderschaft Rheinhessen hat den Ausspruch zum „Wahlspruch Nummer 2 für weinfröh-liche Anlässe" erhoben. Sie tat dies, Vornehmheit persiflierend, in ihren Regularien in sinngemäßer lateinischer Übersetzung:

Non vanitamus, sed habemus!

Sonst freilich werden Sichtbares (Faßliches) und Unsichtbares (Geistiges) unterschiedlich gewertet. Den Erzeuger eines Weines nennt man stets in Rheinhessen, den Urheber einer Sentenz selbst dann selten, wenn sie ungewollt absatzfördernd ist. Friedrich Lennig hat schon im 19. Jahrhundert seinen Bauern die „Lebensweisheit" abgelauscht (siehe Seite 91):

Lest, wann d'r lese wollt, die Beere uff, die falle
Was braicht er eich mit Bicher uffzehalle ? *

Wer hierzulande „nix hot un nix bringt", kann lange der Auferstehung im Gedenken der Nachwelt harren. Wer ihnen aber nutzt, dem verhelfen die Rheinhessen selbst dann dazu, wenn er einem weniger geachteten Stand angehörte oder ihnen sogar Ärger bereitete: So beispielsweise Carl Zuckmayer, weil (nachdem) er dem Land zu einer dem Weinabsatz förderlichen „Image-Steigerung" verhalf (einst nahm man ihm den „Fröhlichen Weinberg" sehr übel und drohte dem Dichter Schläge an) oder dem Wörrstädter Amtsrichter Dr. Stallmann, weil (nachdem) er den Naturpark Neuborn gestiftet hatte (weshalb man ihm dort sogar ein Denkmal errichtete).

Trotzdem soll hier ausnahmsweise das Bekenntnis „Mer strunze net, mer hunn" auf etwas bezogen sein, das man nicht anfassen und nicht verkaufen, wohl aber vererben und vermehren kann: die rheinhessische Mundart. Im Sinne von: wir sind stolz auf unseren Dialekt und wollen ihn als „Hauptsprache" nicht für gepflegtes Allerweltdeutsch eintauschen. Auch nicht, wenn der gerühmte Schriftsteller Arno Schmidt sich in seinem 1986 bei Reclam erschienenen Roman „Aus dem Leben eines Fauns" an die Zeit seiner Flüchtlingsumsiedlung nach Gau-Bickelheim (1950/51) so erinnert: „Ein barbarischer Dialekt ...". Immerhin war sich ein Stefan George nicht zu schade, ein Leben lang seine Büdesheimer Mundart nicht zu verleugnen.

* Als ich einmal in Wendelsheim nach dem Geburtshaus von Magister Laukhard (1757-1822, berühmt durch seine viel gelesenen Lebenserinnerungen) fragte, antwortete mir ein älterer Einwohner:„ Denn kenn ich net, des muß en Flichtling soll" Auf den Hinweis, L. sei schon lange tot, ergänzte er: „Ach so, dann kann ich en ja aach net kenne!"

Allerhand komische Wörter

In der sechsten Lektion

wird die bunte Palette der

ländlichen Mundart gezeigt

Mundart anzuhören ist Ohrenschmaus. Der Sound der Wörter klingt nach. Viele sind kurios und spaßig, lassen nach der Herkunft rätseln. Man kann sie auf der Zunge zergehen lassen, wenn man sie auszusprechen gelernt hat. Eine kleine Auswahl soll Appetit machen auf „noch mehr rheinhessische Mundart“. *

DIBBEL-SCHICKS

* Speziell zu den farbigen und ausdruckstarken Schimpfwörtern vgl. mein Rheinhessisch-Mainzer Schimpflexikon „Wenn Schambes schennt“.

Äbbelränzje	kleiner Mann mit dickem Bauch
allaridd	ständig, immerzu
alleweil	gerade eben, jetzt
Amberaasch	unnötige Umstände
Batschkapp	Schirmmütze (auch Name einer Mainzer Mundartband)
belzisch	betrunken
Bibbeswaggeler	potenter Mann
Butzebewel	Nasenpillen
Butzlumbezuggler	läppischer Mensch
Dalles	Pleite, Konkurs
Dibbelschicks	leicht zugängliches Mädchen
Dobbisch	Kreisel
Dorschmascheer	Triumphbogen bei Vereinsfesten
Dubbeskass	heimliche Geldkasse der Hausfrau („Dubbesgeld“)
Dunseldeinche	verwöhntes, weinerliches Kind
eebsch	ungeschickt, verkehrt
Erenngeritschde	Zugezogener (Neubürger)
Forzmajor	Angeber
Firlefanzfränzje	hat nur unnützes Zeug im Sinn
Fissemadende	Umstände (machen)

gell	nicht wahr? (vielseitiges Einleitungswort)
Genußworzel	allen guten Dingen des Lebens zugetan
Goggelores	lustig-dummes Gerede
greebisch	unleidlich, unzufrieden
Griwwelbisser	rechthaberischer Kleinigkeitskrämer
Hätscheldätschel	verwöhnter Mensch
Hembeldembel	einfältiges Wesen
Huwwel	„du kannst mer de Huwwel [Hobel] ausbloose“ = laß mich in Ruhe
iwwerzwerch	ungeschickt, verdreht
Katzejammerzerbedäus	jammert und klagt ständig
Krenk	Teil einer gegen Sachen oder Personen gerichteten Verwünschung
Krickselmaisje	scheues Mädchen
Krisch	Schreie („Krisch due“)
Laafdabber	Durchfall
Laddwerschdabbcher	Ungeschickter
Manderfittche	kleiner Mann
moschdern	unpassend anziehen
Moscherrobcherunkelche	komischer Kauz
Minkelche	kleines Stück Brot oder Wurst für ein Kind
narrisch Gruschel	sich närrisch gebärdende Frau

Ojeldibbche	jammert gerne
Plasterschisser	Städter
Podhammel	Stechmücke von den Auwäldern am Rhein
Quadudder	Querulant, Nörgeler
Raballjemensch	unangenehm energische Frau
Rinntraabreddche	Tablett (zum „hereintragen“)
Schabbesdeggel	Sonntagshut
Schisserigigi	empfindlicher Mensch
schneegisch	wählerisch beim Essen
Schwolledabbscher	Bauer
Spinadwachtel	aufgetakelte Frau
Stumpert	Anstoß (jemand „einen Stumpert geben“)
Sulwer	(„der leit im Sulwer“ = schmutziges Bett)
triwweliern	ständig drängen
Trottwalui	Zuhälter
uffgeblose Kellerwanz	eingebildeter Mensch
verzoddele	etwas verlegen
verzwazzele	verzweifeln
Wasserstäädrachoner	energische Hausfrau
Zobbelbajaß	Hampelmann

MACHENER
ENAUS ?

Schnellkurs im Gassen-Small talk

In der siebten Lektion wird ein Sprachführer für das Gespräch im Vorübergehen mitgegeben

Wer „auf's Land zieht" und als „Erenngeritschder" ein Häuschen im Neubaugebiet eines rheinhessischen Dorfes erworben hat, braucht einige Zeit, bis er sich akklimatisiert hat. Man lernt nach und nach beim Einkaufen, beim Ortsfest oder einfach nachbarlich die Einheimischen kennen und möchte sich einleben.

Dazu gehören Grundkenntnisse in rheinhessischer Mundart. Man erwirbt sie am ehesten, wenn man zuhört und sich die Redewendungen einprägt, im „Nichtverstehensfalle" übersetzen läßt, was die Altbürger und vor allem „die, die schon immer da gewohnt haben" miteinander sprechen. Dazu ist vor allem Gelegenheit bei einer

Begegnung auf der Straße

„wenn mer beienanner steht un sich was verzähle dut"

nach dem Motto:

„wann mer mit de Leit redd kimmt mer in's Gespräch".

Dabei muß man drei Hauptabschnitte unterscheiden, nämlich 1. Begrüßung (laut und fröhlich), 2. Small talk (besonders ausgedehnt bei Rentnern und Frauen: Babbelaatsch, Zeitungsbläädsch), 3. Abschied (kurz und bündig).

Begrüßung

guude Morsche

(oft mit dem Zusatz „ei" – wegen dieser wichtigen Vokabel siehe auf Seite 96)

(in der Form „gude Moje" als saloppe Konzession an die hochdeutsche Sprache) *guude Daach*

guude Owend (Kurzform: *g'nomend*)

hosche schun gefriehstickt?

hosche schun z'moje gess?

hosche schun z'middach gess?

hosche schun z'nacht gess?

wo kimmschen heer?

wo machschen anne?

machsche uff die Erwet?

was schaffschen?

machener enaus (uff's Feld)?

gehsche spazeere?

gehsche inkaafe?

lebsche noch?

wie geht's dehaam?

was mache die Kinner (doi Fraa, de Hund)?

was treibschen?

Un, wie?

schnie?

(kürzeste Grußformel, siehe dazu Seite 47)

wem g'heerschde dann? *

* Schockierend für Zugezogene, daß ein Mensch jemanden „gehöre", gemeint ist aber nur die Familienzugehörigkeit.

*wo sein ehr'n gebertisch? ***
ei guggemol, de Karl!
daß mer dich wirrer mol sieht!
wo machschten hie?
(speziell um Neujahrsmorgen:)
hunn ehr's guud aagefang?
was werd uns 's Neie bringe?
so geht als a Johr um's anner erum!

Small talk

hunse schun geheert, die Wewern ist gestorb!
die Gripp' is im Ort, mer hert's allgemein.
in de Karwoch rejents gern, uff Oschdern werd's besser.
die Krumbeere soin diesjohr awwer klaa!
die Sunn kennt widder emol scheine.
's Rockers Jean hot de Blinddarm erausgenumm krieht.
die Wingert stehn gut, wann nor die Bliet net durchrisselt.
hosche geheert, die Anneros hot ehrn Mann hocke loss!
was gibt's dann Neies im Ertche?
die Budder is schun wirrer uffgeschlaa, e Schann!
was for e Zores mit de Kinner, des hot's frieher net gebb!

** Frage nach der Herkunft, wobei Geburts- und Wohnort im ländlichen Bereich früher fast immer identisch waren.

isses wohr, em katholisch Parre sei Kechin hätt gekinnigt?

ich will jo nix gesaat hunn, un verzehl mers nor net weiter …

ei, em Boijemaaschter hätte se de Fihrerschei abgenumm!

hör, es Treppe-Müllers Kettche krieht e Kind vun em Idalliener!

die Obenauern kimmt net aus de Feddern raus, ehr Planzstick is aa Wuuscht!

Abschied

ich muß weider, moi Fraa wart' uff's Mehl fer de Kuche!

alla, ich mach mich fort.

(zur Begriffsvielfalt der Zusammensetzungen mit „*fort*" siehe Seiten 74, 75)

dschiss! (von frz. „Adieu" = Gott befohlen, verballhornt über „Adschee")

bis heit owend beim Keeschele!

ich bin aarich pressiert, mach's gud!

alla, g'Naacht!

na dann, in dem Sinn!

hall die Oore steif!

bis 's negschdemol!

all hopp, gure!

's negschdemol koscht's en Halwe!

gure (Appedidd zum Middagesse).

(Antwort: *gure aach!*)

alla, do bis die Daa do!

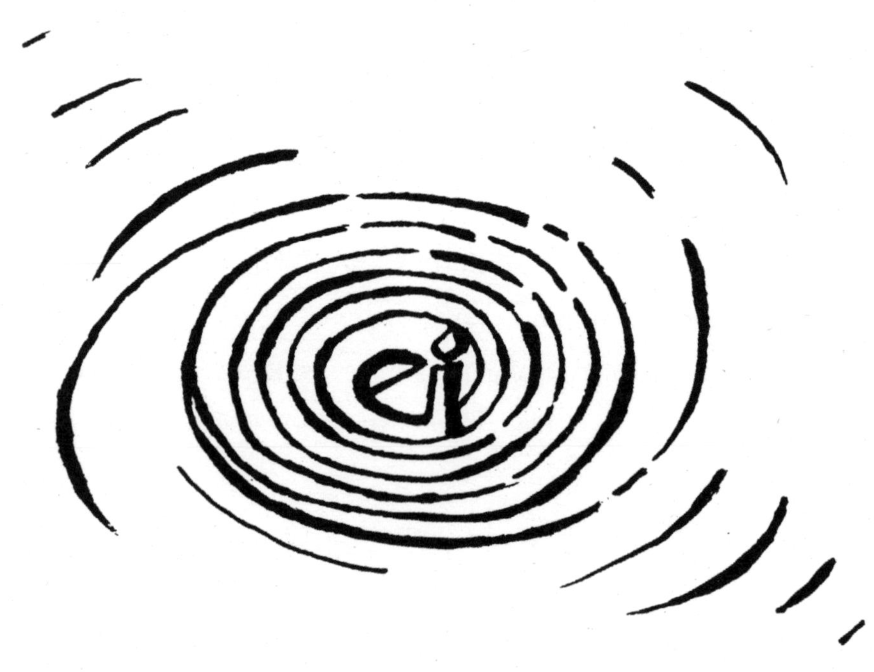
ei

Die kertscht Sprooch

In der achten Lektion
geht es um die bündige
rheinhessische Artikulation

Mundart ist in der Regel kürzer, undramatischer, direkter und bildhafter (für den Fremden aber auch unverständlicher) als die gleichsinnige hochdeutsche Aussage. „Maulfaulheit“ ist die Ursache der Kürze, blühende Phantasie und Ausdrucksfähigkeit die Ursache der Bildhaftigkeit. Und so entstehen absonderliche, kuriose Wortverkürzungen.

Die rheinhessische Mundart ist ein sehr anschauliches Beispiel dafür. Wilhem Jacoby, um die Jahrhundertwende in Mainz lebender Schriftsteller*, hat es unnachahmlich so beschrieben:

Die Sprach schon, die wir spreche und gar drucke,
Das ist ein angeborenes Talent,
Von dene Silbe, die wir dhun verschlucke,
E anner Sprach allään schon lebe könnt.

„Die kertscht Sprach vun de Welt“ sei der Alzeyer Dialekt – behauptete der „eingebürgerte“ Berliner Franz Kampe, dessen Mutter aus Alzey stammte und der dort als musisch vielseitiges Talent sein Brot bei der Justiz verdiente (1957 gestorben). In seinem Gedicht „E korzi Sprach“ befaßt er sich mit einigen solcher Worte:

mlä **

Drei Buchstabe – e ganze Satz!
So was gibt’s an kaam annre Platz.
Uff deitsch häßt’s „Komm doch einmal her“.
So Wörter hummer noch viel mehr.

* 1924, ein Jahr vor seinem Tod, erschien ein nach seinem bekannten Mundartgedicht benannter Band „Laß des Rullo geh’n“.

** Erweiterte Fassung = „kummelä“.

schnie, ereu, eneu

„Wo gehst Du hin" häßt eufach „schnie?"

Des is die reinscht Stenografie.

„Komm doch herein", des häßt „ereu"!

„Geh doch doch hinein", das häßt „eneu"!

waaschn

Das heißt „Wo warst du denn?"

äjens

Wörtlich übersetzt „irgends" ist die ausweichende Antwort auf die Frage „schnie", aber auch auf die Frage

schnä

(was heißt: „wo kommst du her?")

„Äjens" heißt ganz einfach: irgendwoher, irgendwohin.

Aber es gibt noch viel kürzere Laute (als Wörter kann man sie kaum noch bezeichnen, allenfalls als Ausrufe), wie:

Oa, oär!

die Erstaunen oder Bewunderung für eine Sache („oär, was fer e groß Kotlett!") oder für eine Person sind (zur Wortherkunft: „oär" komme von „oh Herr!").

Hingegen ist

ou!

ein Laut, der bei der Begegnung mit einem Freund Erkennen und Freude deutlich macht.

Ähnlich steht es mit dem Wort

ei!

das ebenfalls statt des förmlichen „Guten Tag" und als Frage nach dem werten Befinden benutzt wird. Tiefsinnig humorvoll hat Peter Renfranz mit der Deutung dieser Vokabel befaßt, auf seine überzeugenden Ausführungen sei verwiesen (Seite 96).

Lauthals wird lebhafte Bewunderung nebst Erstaunen artikuliert durch die Silben

ui, ui, ui

wie auch

au, au, au

die beide, aneinandergereiht, durch Bänkelsänger des Mainzer Carneval-Vereins (MCV) „weltberühmt" wurden. *

Auch der griffige Vierbuchstabenbegriff

injer

gehört in diese Gruppe von Kurzworten. Man meint damit, daß alles seine Richtigkeit habe, vermittelt verbal lebhafte Zustimmung und Übereinkunft (schlicht: „ja, so ist es"). Daß solche „Verkürzungen" oft auch von jener grobschlächtigen Formlosigkeit geprägt sind, die „Fremde" bisweilen schockiert, sei nicht verkannt. Das gilt beispielsweise für das Kürzel

hä?

das nur in Frageform vorkommt. In korrekter Inhaltswiedergabe bedeutet es: „Entschuldigen Sie bitte, ich habe Sie nicht verstanden, würden sie den Satz wiederholen?"

Ein Kurzwort erklärungsbedürftigen Inhalts ist auch „gell", das nur als vielseitig verwendetes Fragewort am Anfang oder am Ende eines Satzes vorkommt und hochdeutsch soviel wie „nicht wahr?" bedeutet. Über Rheinhessen hinaus ist es durch das von Margit Sponheimer gesungene Fastnachtslied „Gell, Du host mich gelle gern?" bekannt geworden.

* Erstmals beschlossen Lutz Franck und Wilfried Rudolph in der Fastnachtskampagne 1969 ihren Gesangsvortrag mit disem Refrain. Der Einfall war ihnen gekommen, als sie mit dem damaligen OB Jockel Fuchs und Prof. Holzamer (ZDF) zur Steubenparade in den USA waren und vom Reisebus aus alle Mitreisenden die Wolkenkratzer New Yorks spontan mit diesen Ausrufen bewunderten. Der Refrain wird auch vom närrischen Auditorium angestimmt, um einen besonders gelungenen, kaum zu überbietenden „Kokolores" anerkennend stimmlich zu belohnen, bis die Glocke des Sitzungspräsidiums den „Kampf gegen den Saal" gewinnt und der Büttenredner fortfahren kann. In der Kampagne 1993 verbreitete sich der neue Bänkelsänger Joachim Seitz als „Musikprofessor" über diese „überaus bedeutungslosen, aber sehr wertvollen Silben", und über „den melodramatischen Uiuiui-ismus als elementarer Bestandteil der musikalischen Auauau-ologie".

Übersetzungsbedürftig sind auch überleitende Formulierungen wie

fer deß

was hochdeutsch besagt: „Unter Berücksichtigung des Umstandes, daß…" (hingegen ist „fer geje" eine typisch rheinhessische Wortbildung widersprüchlicher Art: „des is gut fer geje de Huschde" – für gegen etwas).

Dem Landesfremden erklären muß man auch bündige Feststellungen wie

do leire jo!

womit man sagen will: „Da liegt er ja!" (in der Mundartfassung werden die drei Worte gebunden gesprochen!). *

Hierzu paßt auch die nicht seltene Verbindung von Kurzfassung und mundartlicher Nasallauten, wie sie aus der rheinhessischen „Maulfaulheit" enstehen:

Jean, steck der aach a o

(Johann, steck Dir auch eine Zigarre an: phonetisch kaum richtig wieder-zugeben).

Die ebenfalls nur in Rheinhessen anzutreffenden „abbene Knepp" (die wieder anzunähenden Knöpfe) gehören auch zu den „verkürzten Umschreibungen".

Zu den (willkürlichen oder unwillkürlichen) Verkürzungsbeispielen gehört aber auch die Aussprache vieler rheinhessischer Ortsnamen, die für den Ungeübten wahre Zungenbrecher sind, vor allem dann, wenn ganze Satzteile durch den Konsonant „r" ersetzt werden:

Kerrerem (Kettenheim)
Ererem (Gau-Odernheim)
Unnerem (Undenheim) **
Birresem (Büdesheim)

Hingegen werden in Rheinhessen die en-Endungen von Ortsnamen bei der Benenung der Einwohner radikal gestrichen:

* Ausführlich bei Burkart, Seite 103.

** Aber: im Unnere (Mittagszeit zwischen 11-Uhr-Läuten und dem 1-Uhr-Läuten vom Kirchturm)

Finther (Einwohner von Finthen)
Binger (Einwohner von Bingen)

Nicht-Rheinhessen erkennt man rasch daran, daß Sie dies nicht wissen, und auch Rundfunksprecher lassen ihre Herkunft erkennen, wenn sie statt dessen von „Finthener“ und „Bingener“ reden. Das ist zwar philologisch exakt, aber Mundart kümmert sich nicht um Sprachlogik, sie kommt ohne sie aus.

Das zeigt sich auch bei der Übersetzung des Doppelvokals „ei“ aus der hochdeutschen in die Mundartsprache der Region. So wird bei den Zahlwörtern aus eins = ääns, aus zwei = zwää, aber drei bleibt drei und wird nicht zu drää. Und so kann man die Antwort auf die Frage, was man bei einem Sonntagsausflug auf „die anner Seit vun Meenz“ getrunken habe, nämlich (hochdeutsch) „zwei ‚drei Glas Wein am Main in Kostheim“ nicht übersetzen mit „zwää, drää Wää am Mää in Kosthääm“ (wenn ei stets = ä wäre), sondern „zwää, drei Woi am Maan in Kostem“.

Es gibt aber auch Beispiele umgekehrten Sprechverhaltens, bei denen gleichlautende Silben der Mundartversion in unterschiedliche Silben des Schriftdeutschs übertragen werden. So heißt die Aufforderung „Wenn Du Deinen Blumenstock nicht gießt, verdürrt er dir!“ auf rheinhessisch

Wannde doi Blummestock net gieße dust verderrderder!

Zum Abschluß dieser Lektion noch rasch ein besonders schönes Beispiel sowohl für die Fähigkeit der Rheinhessen, sich kurz zu fassen und bündig auszudrücken („kertscht Sprooch“), als auch für ihr Vergnügen an variierten Wortsilben, die fast wie ein Glockenspiel zusammenklingen. Das „Mundarträtsel“ lautet: Was bedeutet es, wenn eine Rheinhessin bei einem Kurzbesuch gleich sagt:

Ich sein net agedaa fer mich auszudue!

Auflösung des Rätsels: „Da ich Eile hatte und nicht lange von zu Hause wegbleiben wollte (denn ich habe viel Arbeit und die Kinder kommen gleich von der Schule), habe ich mich nicht extra ‚stadtfein‘ gemacht und nur rasch meinen Mantel darüber angezogen, deshalb möchte ich jetzt nicht ablegen!“

Vom esse un vom trinke

In der neunten Lektion

ist von den Genießerfreuden

in einem gesegneten Lande

die Rede

Kultur ist in rheinhessischem Verständnis weniger das Geistig-Unfaßliche als das, was schmeckt und stärkt.

Überdeutlich klingt es in der freundlichen Einladung zur Eröffnung eines Weinfestes im Wonnegau durch die Themenfolge („Prioritäten“) an:
„Kulinarisches erwartet Sie am Römergrill sowie am Brezel-, Käse- und Weinstand. Kultur besteht aber nicht nur aus Essen und Trinken. Wir freuen uns, eine Buchausstellung ‚Kultur und Wein in Rheinhessen‘ im evangelischen Gemeindehaus präsentieren zu können.“

Deftige Speisen und der Wein in vielen Varianten sind Merkmale der rheinhessischen Gastronomie, die neuerdings auch durch Spielarten der „gehobenen Küche“ Akzente erhält. Die alten rustikalen Speisen mögen manchem Gourmet nicht abwechslungsreich genug sein, sie sind aber „nach Art des Landes“, die man nicht für mancherlei reizvolle „Kreationen“, die nicht gebietstypisch sind, opfern sollte.

Der Favorit unter den Fleischgerichten ist nun einmal – sehr zum Bedauern anspruchvoller Feinschmecker –

e Schnitzel so groß wie en Abtrittdeckel

und dies noch nicht einmal mit den selten geschmacksfördernden Zutaten, die es zu einem Jäger-, Zigeuner- und was sonst -Schnitzel machen. Auf jedem Verbandsgemeindeweinfest wird erkennbar, daß die Schnitzelphilosophie in Rheinhessen den Stellenwert einer Weltanschauung hat.

Diese eigenartige Passion („night and day“ – aber bitte mit Soße!) nimmt sich auch als eine Art Erotik des Alters aus.

... WIE
EN ABTRITT-
DECKEL

Da kann man in der Runde älterer Bauern erfahren, welchen Rang eben nicht nur gutes, sondern mindestens gleichwertig „tellerfüllendes“ Essen (anders als „nouvelle cuisine“) in Rheinhessen einst hatte. Fast andächtig-träumerisch erzählte mir einer beim Glas Wein ein markantes Aha-Erlebnis (wie man das heute nennt):

Mei greescht Schnitzel hunn ich emol in Framerschem ’gess, des war 1923.

Selbst das Jahr war noch in der Erinnerung an dieses „Ereignis“ gegenwärtig! Unverändert ist auch das traditionelle Bekenntnis:

Die Grumbeere schmecke am beschte wann se dorch die Sau dorchgange sin.

Genüßliches Behagen an den guten Dingen des Lebens läßt auch die Schilderung spüren, die mir ein andermal ein rheinhessisches Schlitzohr von den Nachwirkungen guten Weines gab:

… un wann ich so e schee Huxel-Ausles’ getrunk’ hunn vorm Schlofegehe, dann frei ich mich schun druff, bis ich nachts uffwach. Wann’s dann „gookst“, hock ich mich glei uff. Dann steiht des ganze Bukett die Gorchel enuffer, un ich schmeck die Ausles’ nochemol ohne se trinke se misse, un dann lesch ich mich ganz sachte widder um un träum, ich det e Huxel-Auslese trinke ohne se bezaale se misse.

Ähnlich die bedauernde Feststellung:

Bei so me Woiche mißt mer e Gorchel hawwe als wie e Giraff !

Wie auch beim guten Essen:

Wann mein Buckel nor aach en Bauch wär!

Dieser verständliche Wunsch wird ergänzt durch einen vielen geläufigen Erfahrungssatz:

Ehr glaawen net, was alles in einem enenn geht, wann mer ingelaade is!

Mögliche Scheu nehmen einem freundliche rheinhessische Gastgeber mit einer beruhigenden Aufforderung:

Essen (eßt) ruhig alles uff, was ehr net packen, des kriehn sowieso die Säu (Säue)!

Immer wieder gerne zitiert und mit Beifall bedacht wird auch dieser Ratschlag (der aber nicht gegen die Hingabe der Rheinhessen an eigenen Nutzen fördernde Arbeit spricht):

Ehr Leit: Wann er aaner esse seh'n, hocken eich zu em un essen mit;
wann er aaner trinke seh'n, trinken mit;
wann er aaner schaffe seh'n, lossen en schaffe !

Die Anhäufung von Festen jeglicher Art, öffentlichen, von Vereinen und Straßengemeinschaften veranstalteten wie privaten, hat die einstige Bedeutung der Kerb in den Hintergrund treten lassen, wiewohl sie – einst Tag der Kirchweihe – unverändert „gehalten wird". Ehedem war die Kerb Höhepunkt des weltlichen Lebens im Dorf, auf den man sich freute,denn

es is net alle Dag Kerb

von der es hieß

Mer redd vun de Kerb un redd vun de Kerb, uff emol is se do!

Die Verwandschaft kommt ohne besondere Einladung zum Kerbeschmaus. Denn wer will, daß man ihn „eschtimiert"(= gesellschaftliches Verlangen Nummer 1 in Rheinhessen), der muß auch den anderen „die Gunn aadue", die Ehre seiner Anwesenheit erweisen – gell, merci aach!
Der frühere obligate Kerbebaum wird inzwischen hie und da wieder aufgestellt, wenn auch der selbstbewußt-derbe Ruf

Wem is die Kerb? Unser!
Vum Loch bis an de Brunser!

der auf der Tanzmusik erschallte und auch gegen Ortsfremde abgrenzte, kaum noch zu hören ist.

Offen stehen aber immer noch, wie auch bei den Weinfesten, die großenfränkischen Hoftore:

Erinn mit Eich!

heißt die einladende Aufforderung, und dann:

Hocken Eich un schneiden Eich Quetschekuche!

denn „Kardoffelsupp un Quetschekuche" ist traditionell, neben dem „großen Kerbe-Essen", bestehend aus Rindfleisch, Meerrettich, Preiselbeeren und Salzkartoffeln. Und gebacken wurde der Quetschekuche zuvor am „Kerwekuchebackesamstag".

Genau so offen und wörtlich gemeint heißt es aber auch, wenn ein Besucher sich aus anderem Anlaß zu lange aufhält:

Mer geh'n ins Bett, die Leit wer'n haamgehe wolle

oder etwas deutlicher (wenn die zarte Andeutung nichts hilft):

Wann ich jetzt wo wär dät ich haamgehe

sowie in der Version für ganz hartnäckige Gäste:

's war schee, daß er do war'n, alla jetzert machen eich haam!

(auf vornehm Hochdeutsch: „Minna, öffnen Sie die Fenster, die Gäste möchten uns verlassen!").

... und man dankt für erwiesene Gastlichkeit kurz und bündig:

Merci aach!

Doch noch einmal zurück zur Harmonie von Jenseits und Diesseits im Geborgenheitsgefühl eines Rheinhessen. In Ockenheim war es, da sagte ein Winzer zu mir, beim Abschied am Hoftor stehend:

Gucke Se, mer hawwe alles ganz nah beienanner – do driwwe is de Bäcker, do drunne de Metzjer, un glei newedraa is die Kerch!

Voilà – das ist unverwechselbar Orginalton Rheinhessen!

„Was der Bauer nicht kennt, frißt er nicht", heißt es. Neuerungen ist man abhold oder bietet sie, wenn gewünscht, nur den Gästen an. Kam da ein neuer Lehrer in die Dorfschule, der sammelte mit seiner Frau Weinbergschnecken und verspeiste sie nach französischer Art. Befragt, wie denn der Lehrer an-genommen sei in der Dorfgemeinschaft, kam die Antwort:

Der gefällt uns ganz gut, der frißt es ganze Ungeziefer aus em Wingert!

... und wie bestellt man sich in einer rheinhessischen Gastwirtschaft oder Gutsschänke etwas zum essen und trinken? Einige Beispiele nach Art des Reiseführers:

fer jeden en Halwe vun dem druggene Silvaner!
bringe Se uns e Kriggelche vum Faßwoi!
mer hätte gern drei Pfiffcher Bacchus.
deete Se mer e Rindfleischsupp bringe?
fer mich e schee Kotlett mit Grumbeere un Salad.
e Portion Baggesgrummbeere!

zwee Paarweck mit Gehackdes und e Flasch vun eierm Hauswoi.
bringe Se uns Gequellde mit Dipp-dipp (Salz) *orer mit Dunkes* (Specksoße).
en Handkäs mit Mussik, schee laafisch und dorch.
mer nemme Gereeschte mit Woisupp.
en Spundekäs kenne Se bringe, mit Pfeffer und net so wenig Zwiwwele.
hawwe Se Schwartemaache, Lewwerworscht un Blutworscht, mit Senf un Kummere (Gurken)*?*
heit wolle mer Zwiwwelkuche esse, schee ofewarm un zart!
ich hett emol Luscht uff Grummbeeresupp mit Quetschekuche.
wie wär's dann mit Dippehaas mit Kleeß un eme scheene Portugieser?
kenne Se uns Metzelsupp mache, un dann Quellfleisch mit Meerreddisch un Senf?

Schmeckt es einmal nicht so recht, dann muß man sich nicht gleich beschweren. Es gilt

e gud Sau frißt alles

(was auch von einem gesagt wird, der bei der Auswahl der Speisen nicht wählerisch ist).

Auf jeden Fall gilt: Gut Essen und Trinken stärkt die Lebensgeister, „geschafft ist glei(ch)", und so ist auch das „Maurerkommando" aus jener Zeit zu verstehen, als noch mit Bruchsteinen gemauert wurde:

„Schbeis, klaane Staa, e Dippche voll Woi – des ledschde zuerscht!"

...VEEL UFF'M DACH

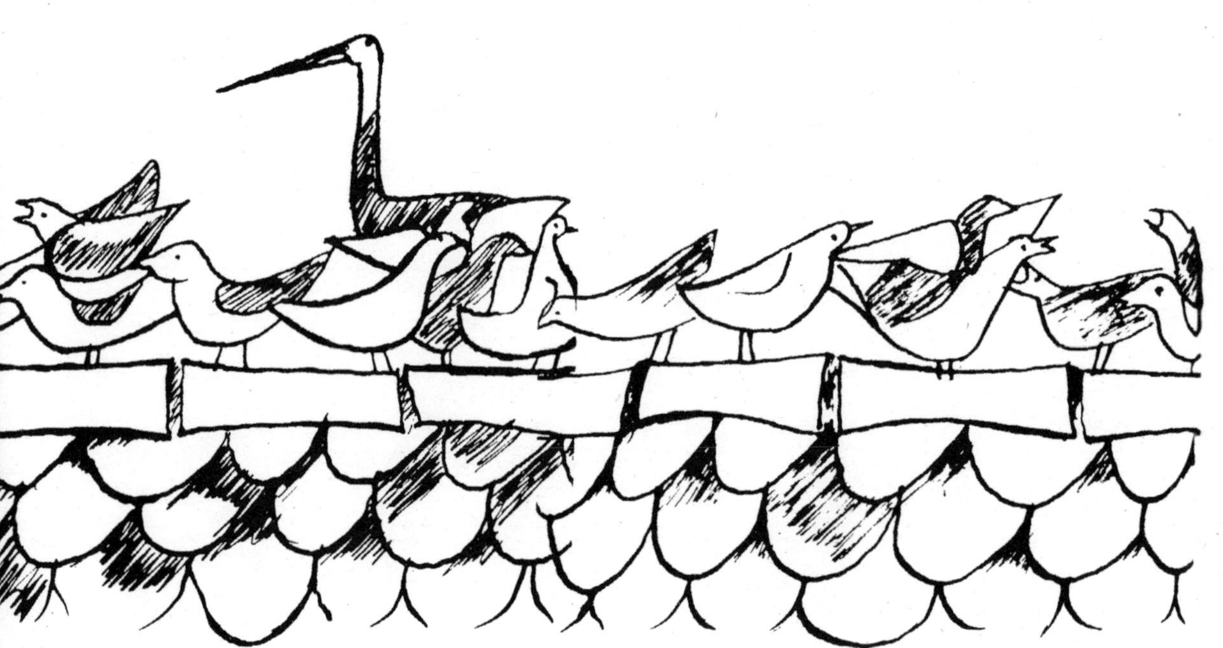

Wortspielereien

In der zehnten Lektion wird
von lustigen Absonderlichkeiten
des Dialekts berichtet

Es genügt nicht, in Rheinhessen zu wohnen, um Rheinhesse zu sein.
Man muß auch „rhoihessisch babbele“ und außerdem verstehen können, wie sich die Einheimischen (mindestens in zweiter Generation ansässig) verbal artikulieren („wie se so schwätze“).
Für den Mundart-Azubi (also für den, der erst anfängt, rheinhessisch zu lernen) gibt es da mancherlei sprachliche Stolpersteine. Wenn auch das Ur-Rheinhessische kaum noch allgemein gesprochen wird, einige Restbestände und für die Region typische Wendungen und Wörter, die nicht ohne weiteres verständlich sind, gibt es noch immer. Sie fließen in die Alltagsrede ein.
Dazu gehören gewisse Adjektivbildungen wie

die abbene Knebb

(Knöpfe, die nicht mehr angenäht sind)
oder auch

die zuene Dier

(die verschlossene Tür).

Ebenso landschaftsgebunden sind jene Doppelworte, die sozusagen nachschlagen und das aus sich heraus völlig begreifbare Wort durch ein anderes nochmals erläutern und stützen wie

bateau-Schiffche
e Fläschje Flaschebier
vis-à-vis geche-iwwer [gegenüber]

Diese Doppelworte sind überwiegend im Mainzer Stadtgebiet anzutreffen.

Manche Worte sind auch dann nicht zu verstehen, wenn man sie langsam ausspricht oder im Sprachschatz anderer Landschaften nach Vergleichen sucht. Oder was soll ein Zugezogener von dem Satz halten

alleridd kimmt er un brewelt un quengelt

was da heißt: Ständig (immerzu) kommt er, redet unverständliches Zeug und bedrängt einen mit Wünschen.

Zu ganz bewußten Wortspielen reizen ähnlich klingende Worte, mit denen man sich an der eigenen Mundart ergötzt.
So wenn es heißt

Es sinn veel Vee'l uff'm Dach

(es sind viele Vögel auf dem Dach)
oder wenn mehr scherzhaft angekündigt wird

Ich haach der uff's Aach
un uff's anner Aach aach

(ich schlage Dir auf das Auge und auf das andere Auge ebenfalls).
Wortverliebt ist auch, auf den Wein bezogen, der Satz

Liewer aane mit Kahne als gar kaane

(lieber einen Wein mit Kahmhefe als überhaupt keinen Wein; Kahm ist eine unerwünschte Hefebildung auf der Weinoberfläche bei nicht spundvollen Fässern).

Dahin gehört auch der Dialog zwischen der Bäckersfrau und ihrer Verkäuferin:

Sinn die Wegg wegg?
Sie sinn all all!
Ei wer war dann do do?

(Sind die Weck = Brötchen ausverkauft? Ja sie sind alle verkauft! Ei, wer war denn da alles im Laden?)

Den Gipfel (unfreiwilliger) sprachlicher Wortspielerei hat Fritz Kleemann am Beispiel der im Selztal gesprochenen Mundart mit den Worten „Hummer“ und „Hemmer“ so anschaulich geschildert, daß dieser Text auf Seite 99 abgedruckt ist.

...MEI
BETT IS
BRAAD...

Sex und Ehe

In der elften Lektion erfährt man, wie die Rheinhessen vom weiblichen Geschlecht denken

Rheinhessische Mundart ist nicht zimperlich. Da wird nicht „Konversation gemacht“, sondern direkt heraus die Meinung gesagt, nicht zartbesaitet und nicht für empfindliche Gemüter geeignet. Trotz Traktor, Vollernter und Telefax in manchem Betrieb ist bäuerliches Denken aus Zeiten der Viehhaltung und des von der großen Welt abgeschirmten Lebens noch lebendig, mag sich auch manche Ausdrucksweise verfeinert haben.

Bei lebhafter Auseinandersetzung („in de Raasch“) oder nach drei Halben (Wein) schlägt da Althergebrachtes gnadenlos durch. Das gilt auch für den Bereich, den man heutzutage mit „Sex“ umschreibt, und für die Ehe.

Es fängt alles an mit den „Rennerchesjohre“, in denen häufig wechselnder Kontakt mit dem anderen Geschlecht erste Erfahrungen vermittelt. Mancher ledige junge Mann möchte sich nicht so rasch binden, die Ehe eilt nicht.

Warum sich weje aaner die Kundschaft verderwe?

heißt die rhetorische Frage, und ebenso geläufig ist eine andere, gleichsinnige Version, die da lautet:

Warum gleich e Gaaß kaafe, wann mer emol Millich trinke will?

Darin steckt natürlich herablassendes, abwertendes Männlichkeitsdenken, wenig Gefühl, viel materialistische Wesensart.

Ein jeder kann einen Ehepartner finden, der zu ihm paßt, denn

Uff jed Dibbche baßt e Deckelche, un wann's noch so schebb is.

Nun ist auch nicht jeder Heiratskandidat einem Mädchen recht. Welche Art Ehemann eine Rheinhessin vom Hinterland sich wünscht? Sportlicher Akademiker mit Pensionsanspruch sowie handwerklicher und gärtnerischer Begabung. Oft sind aber die Wünsche zu hoch angesetzt, die Talente zu gering für die Ansprüche. Aus solchen Mädchen werden oft „Iwwerstenner", sie bleiben unverheiratet, und man sagt von ihnen:

Fer en Karre zu lang, fer en Waache zu korz.

Will besagen: Für kleine Verhältnisse war sie sich zu gut, für „was Besseres" reicht es nicht.

Hin und wieder schleicht sich bei solcher „Folgebetrachtung" ein wenig blasphemische Selbstironie in mundartliche Pseudolyrik ein wie in das erdachte „Gebet einer Jungfrau", das nirgends aufgeschrieben ist:

Liewer Vadder unseraaner
Heit Owend kimmt schun widder kaaner,
Ich bin allää, mei Bett is braad,
Ach, was dut mer des so laad!

Da kann es geschehen, daß ein solches Mädchen zu einer wird, von der man sagt:

Die muß aach ihr Flääsch pundweis kaafe!

Weil sie keinen ständigen Liebhaber, keinen festen Partner hat, muß sie sich umtun und das, was sie „braucht" (eben wie das Fleisch bei der Mahlzeit), hie und da in wechselnden Beziehungen besorgen.

Bei solcher Betrachtung verwundert es nicht, wenn auch die Ehe vor dem Hintergrund solider Vermögensverhältnisse gesehen wird. Zumal ein jeder weiß:

*E Fraa kann mit ehrm Scherz * meh enausdraae*
*wie de Mann mit em Eernwage ** erinfährt.*

Jedenfalls in Zeiten, wo an heiratswilligen Bauernmädchen kein Mangel war, wurde alles vorher „visideert", so wie es Irmgard Koch in ihrer *„Brautschau uff rhoihessisch"* beschrieben hat:

Die Mädcher im Rhoihesseland

* Schürze

** Erntewagen

sein fleißisch, lieb und schee!
Bei dene mach ich mich bekannt
wann ich uff die Mussick geh.

Ich froo, wo se geberdisch sin,
kenn die Verwandschaft ball
bis zu de ältschde Dande hin
un ob noch Vieh im Stall.

Ich waas aach, wo die Äcker leih'n
wo Woi gekeldert werd,
wie's Audo un de Drakdor sein
uns was mer sunscht so heerd:

Ob es e guud Familljе iss
mit ebbes hinnedraa,
ob 's Mädche frieer hat 's Geriss,
ob 's Krämche net so klaa.

Kann 's koche, hält 's die Sach beisamm',
isses dichdisch aach im Haus?
Wie 's mit de Leit rangscheere kann,
träscht's net so viel enaus?

Hot 's for de Arwet aach kaa Ängschd?
Isses e Frohnadur?
Uff so e Fraa steh ich schon längschd,
do wär ich garnet stur.

Un hätt die dann e Aach uff mich,

dann wär die Sach geritzt.
Ich mach die Kur der sicherlisch
bis se uff meim Buggel sitzt.

Horscht!! All des Wisse is was wert,
mer guckt sich schließlich um.
Mir hot mer's oft genuch erklärt,
die Alde war'n net dumm:

E Friehstick langt for 'n ganze Daach
es „Schlachde" for e Johr.
Doch guud geheirat, ohne Fraach,
hält 's ganze Leewe vor!
Denn:
Wer nix erheirat, nix ererbt
bleibt arm bis daß er sterbt!

Aus solchem Hab-und-Gut-Denken heraus erklärt sich dann auch die Floskel

Weiwersterwe – kaa Verderwe!
Geilverrecke – des is Schrecke!

Das Zugpferd, einst unabdingbar, wichtiger als die Ehefrau und Mutter…
Aber das (möglicherweise etwas antiquierte) Schreckensbild des rheinhessischen Macho hat sein Gegenstück im fast makabren Überlebensdenken der Frauen:

Wann die Kinner aus em Haus sinn
un de Mann gestorwe is,
dann fängt 's Lewe erscht aa!

Dazu gibt es viele Varianten, so beispielsweise diese:

Wenn mein Mann soin Rejescherm zugeklappt hot mach ich meinen uff.

Der Ehemann könnte irgendwann auch einmal Lust nach einem Seitensprung haben, ihm stand er nach altem Verständnis wohl zu, nicht der Angetrauten. Ausdruck dieser Doppelmoral ist dieses entschuldigende Sprichwort:

Mer kann doch net jeden Dag Bohnesupp esse!

was besagt: man sucht auch einmal andere Kost als die häusliche.

Wagte er aber einen Seitensprung und wurde der bekannt, hieß es von ihm:

Der ißt zwaaerlei Fleisch.

Dem steht aber das „Gebot" der lieben Ehefrau entgegen:

Abbedidd kannst Du der drauße hole,
awwer 'gess werd dehaam!

Anregungen und sexuelle Lust ja, aber keine Intimitäten außerhalb der Ehe, besagt dies klar und unmißverständlich. * Und rheinhessische Frauen waren schon immer „emanzipiert" und hatten zu bestimmen, so sehr auch die vermeintlichen „Herren der Schöpfung" sich lautstark gaben.

Arbeitsamkeit und Liebesfähigkeit (natürlich auch: daß der Hoferbe geboren werde), das wurde „erwartet". Wurde diese Erwartung nicht erfüllt, dann war dies ein Scheidungsgrund:

Sie kunnt net micke un nett kusse.

(„Die Mick"– von frz. „le frein mécanique" – war die Hinterrad-Handbremse am von Ochs und Gaul gezogenen bäuerlichen Karren. Betätigt wurde sie von der Bäuerin oder dem Knecht, die auf dem Bremsbalken saßen oder hinter dem Wagen herliefen und auf Gefällstrecken rasch „zudrehen" mußten, sollte kein Unglück geschehen.) **

* Das „zuhause essen" ist nicht wörtlich zu nehmen. Rheinhessische Ehefrau zum von der Arbeit heimkehrenden Ehemann: *„Guck emol, wie ich do lei [liege], awwer gekocht hunn ich nix!"*

** Einem aus Sachsen stammenden Amtsrichter, der an einem kleinen rheinhessischen Amtsgericht tätig war, mußte der Protokollführer im Jahre 1954 in einer Sitzung übersetzen. Es ging umeinen Verkehrsunfall, und der Zeuge, nach seinem Beobachtungsort gefragt, bekundete: *„Ei ich hunn gemickt, Herr Rat!"*

Mißverständnisse

In der zwölften Lektion werden
die Feinheiten der Aussprache
anschaulich erklärt

Wer die Feinheiten rheinhessischer Mundart nicht kennt, kann Überraschendes erleben. Für den aber, der „rhoihessisch babbelt", kann das aus Unkenntnis des Angesprochenen entstehende Mißverständnis peinlich werden.

Ein sehr prägnantes Beispiel ist das Wort

Bankert

Man sage einmal zu den Kindern eines nicht-rheinhessischen Ehepaares in dessen Gegenwart

Ei, was habt ihr Bankert dann da geschafft?

und man wird heftigste Reaktionen bis zum Abbruch der Freundschaft erleben können. Denn im hochdeutschen Sinne ist Bankert das uneheliche Kind („das auf der Bank – mhd. banchart – Gezeugte"). In Rheinhessen aber ist dies sowohl ein Lausbub (oft wertneutral, manchmal sogar anerkennend für einen, der gerne zu Streichen aufgelegt ist) als auch irgendein Lebewesen (wird auch auf Hühner, Hunde usw. angewandt).

Das Wort ist weit verbreitet in Gebrauch und geht glatt von der Zunge. Beleidigend ist es nur mit Zusätzen („Sau-Bankert", „Drecks-Bankert" usw.), noch nicht bei „schlechter Bankert" (was wohlwollend gemeint ist).

Weniger aufregend sind Mißverständnisse, die durch gleiche Aussprache für verschiedene Dinge entstehen können. So sind

die Sei

die Säue („die Wutze"), früher in jedem Bauernhof, heute nur noch in Großzucht gehalten („Siehste net die Säu im Gaade ...", heißt es im Kinderlied), zugleich aber auch das Sieb.

DIE
SEI

Ein ähnliches, typisch rheinhessisches „Sei"-Mißverständnis ist rasch erzählt: An der Schiefertafel der Dorfschule stand, entsprechend der Silben-Leselern-Methode geschrieben: „Sei-fe". Der Schulrat, auf Visite, fragte einen Schüler nach der Bedeutung des Wortes und erhielt zur Antwort: „Ei, so seet moi Mudder immer, wenn die Hinkel in de Kich sinn!" (sie stolzierten früher oft vom Hof in die Küche, wurden von der Bäuerin aber rasch verscheucht).*

Manches andere Mißverständnis entsteht durch falsche Aussprache. So ist, eben erwähnt,

de Gaade

schlicht der Garten hinterm Haus oder am Ortsrand.

Verwechslungen können entstehen mit dem, den die Gärtnerin dorthin schickt um ein Stück Land umzugraben, das ist

de Gadde

(der Gatte), weshalb sich die Aussprache „de Garde" für den Garten nicht empfiehlt, sondern die durch Doppelvokal gekennzeichnete gedehnte Aussprache anzuraten ist.

Etwas ganz anderes sind hingegen

die Garde

nämlich die närrischen Garden der Fastnachts-Korporationen am Rosenmontag in Mainz.

Wichtig ist auch die richtige Betonung. So ist eine

Budik

die ländliche Aussprache des Wortes boutique (=kleiner Laden mit ausgewählter Mode und Modezubehör, ein Spezialgeschäft). Hingegen meint das um einen Konsonanten vermehrte Wort als

Buddik

ein altes, zerfallenes und fast abrißreifes Häuschen, meistens mit dem dies unterstreichenden Zusatz „alt" apostrophiert, auch „Bajes" geheißen oder „alt Gelerch". Wer dies nicht weiß kann in unangenehmste Verlegenheit geraten und

* Seiveeh = Säuvieh = i.S. von ärgerliches, störendes Tierzeug

muß bei der bewundernden Rückfrage „Ach, Sie haben eine Boutique?" die Antwort schamhaft schuldig bleiben, wenn es sich um ein mehr naturnahes Objekt handelt.

Ähnliches gilt auch für die Darbietung von Tönen. So ist

Mussik

die Tanzmusik „uff de Kerb", die Bremsermusik, auch die „Beschallung" in der Disco, während

Musik

die gehobene musikalische Weise ist (Festkommers; Jubiläum der Verbandsgemeinde; Kulturkreis).

Was soll sich freilich jemand vorstellen, wenn es von einem Menschen heißt,

der macht soi Geerschtche druff.

Es besagt dies nicht, daß er Gerste sät, sondern daß er sein Hab und Gut verschleudert, sinnlos zu Geld macht, nicht wirtschaften kann.

Oder man sagt von einem jungen Mädchen

die hot's Geriss

dann ist damit keine Krankheit oder irgendein Mangel angedeutet, ganz im Gegenteil: sie hat alle Chancen beim männlichen Geschlecht, ist begehrt und umworben.

Selbst das schlichte Wort

als

kann mißverständlich sein. Je nach dem Sinneszusammenhang bedeutet es nämlich „ständig", „immerzu" (dann meistens aber auch mit dem Zusatz „alsfort") oder aber nur „hin und wieder" („sie besucht mich als", dann auch in der Form „alsemol", während „allemol" Zustimmung bedeutet).

Zu den nicht sehr angenehmen Mißverständnissen, die sich aus mangelnder Kenntnis rheinhessischer Mundart ergeben können, zugleich aber auch Ausdruckskraft und Vielfalt ihrer Redewendung bezeugen, gehören auch die Aussagevarianten mit dem Wort „fort", als da sind:

Ich mach mich fort

heißt, ich gehe nun (nach Hause oder sonstwo hin). Man sagt es, um sich selbst „aufzuraffen“ und den Entschluß, zu gehen, endlich wahrzumachen. Man gebraucht diese Worte am Ende eines Besuches oder am Wirtshaustisch: es ist alles Notwendige gesagt, getan, Zeit zu gehen, man wird zuhause erwartet.
Im „Rauswerferlied“ des einstigen Tanzcafés Avril in Heßloch kam dies zum Ausdruck:

Macht eich haam zu eiern Kinner,
macht eich haam!
Ei, was dut ehr dann do hocke,
ei, do macht eich uff die Socke.
Macht eich haam zu eiern Kinner,
macht eich haam!

Heißt es allerdings von einem Dritten

der hott sich fortgemacht

dann bedeutet dies, er sei gestorben (häufig mit dem Zusatz „hordisch“ (hurtig, rasch), gebraucht meistens bei überraschendem Tod: „der hott sich awwer hordisch fortgemacht!“.

Wenn man indessen berichtet

der hott sich fortgeschafft

dann will man andeuten, er habe seinem Leben selbst ein Ende gesetzt.

Eine beliebte Redewendung ist auch

alla fort!

Sie bedeutet nicht – wie der Landesfremde annehmen könnte –, es solle der oder die so Angesprochene sich schleunigst entfernen, möglichst rasch „aus den Augen gehen“. Vielmehr ist es eine Art begütigender, einlenkender Zustimmung zu einer zunächst umstrittenen Lösung einer (wichtigen oder banalen) Frage: Nun gut denn, es soll mir recht sein, lassen wir es dabei bewenden, auch wenn das Ergebnis nicht ganz meinen Vorstellungen entspricht, sei's drum! „Alla“ heißt daher „auf denn“, nicht mehr. Keinesfalls darf man diesen Ausspruch in der mundartlichen Schreibweise mit „h“ wiedergeben, also „Allah fort“. Dies könnte als Ausdruck anti-islamischer Haltung (wie: „keine Minarette in Rheinhessen!“) mißverstanden werden.

Harmloser sind die Mißverständnisse, die aus der Übersetzung des Wortes Kafruse in Kumpane oder Clique entstehen können. Sie lassen erkennen, wie vielschichtig und reizvoll rheinhessische Mundart sein kann. Klaus Schmahl hat sie erläutert: So sind Mitglieder einer solchen Clique keineswegs Klicker. Klicker sind nämlich Murmeln, was aber wiederum nicht bedeutet, daß wenn man jemand etwas verklickert, das auch gemurmelt sein muß. Auch ist ein Murmeltier kein Klickertier und andererseits Klickerwasser kein Murmelwasser.

Ebenso einfach löst sich die betrübte Mitteilung eines rheinhessischen Bauern, die auch Mundartkundige im Zweifel über ihre Bedeutung lassen könnte:

*Ich kennt greine *, moi Ee is kabutt!*

Er meinte nicht seine Ehe, sondern seine Egge (beide Worte werden gleich ausgesprochen).

Berichtet hingegen jemand

der hott mich uff die Kerb inngelaad

dann war diese keine freundliche Einladung zur Kirchweih (Seite 55), vielmehr eine Aufforderung im Sinne des Götz von Berlichingen, wobei hier wortspielerisch nicht die Kerb(e) als dörfliches Fest sondern die Kerbe als Längsvertiefung im menschlichen Gesäß gemeint ist.

* weinen, jammern.

... SEXY WIE EN TRUTHAHN

Sprüch un dumm Geschwätz

In der dreizehnten Lektion
geht es nicht immer manierlich
und gewählt zu

Manche Volksweisheit ist in Mundart eingepackt. Aber nicht alles was in Mundart gesagt oder geschrieben wird, ist Weisheit oder sonst von hohem geistigem Anspruch. Das gilt für den Alltag wie für die Fassenacht, wo Mundart besonders „griffig“ ist.

So werden mancherlei eingängige Redensarten in Mundart wiedergegeben, blüht der „Kokolores“, der lustige Unsinn in diesem Gewand.

Hoste Hunger
Beiß in die Kummer [Gurke]
Hoste Dorscht
Beiß in die Worscht
(wobei die umgekehrte Verzehrfolge natürlich sinnvoller wäre).

Den Unterschied zwischen einem Hering und einem Bankert (uneheliches Kind) hat Joe Ludwig, vielfältiger und geistreicher Fassenachter, in der Kampagne 1978 als Mundart-Kalauer so erklärt:

De Hering der is eelig [ölig],
de Bankert uneelig [unehelich].

Auch Ratschläge und Verhaltensregeln komischster Art werden gerne in Mundart dargeboten:

Gibste deiner Kuh en Halbe
Duht se leichter sich beim Kalbe.

Und die nützliche Anwendung von Wein ist auch Gegenstand dieser Empfehlung:

Hoste Riesling in de Blutbahn
Biste sexy wie en Truthahn.

Ein ergebnisloses Tun umschreibt man mit der Frage:
Fer was hunn mer jetzert die Krott gefress?

Die Erklärung dieses rätselhaften Ausspruchs geht auf eine Wette zurück, die zwei Tippelbrüder einst bei der sommerlichen Rast auf einer Wiese, nahe einem Tümpel abschlossen: Einen Taler bot der eine dem anderen, wenn er eine Kröte, die durch das Gras hüpfte, hinunterschlucke. Das Gewünschte geschah, wenn auch mit Widerwillen, und das Geldstück (fast die ganze Barschaft) wechselte den Besitzer. Doch kaum geschehen, spie der Gewinner die Kröte wieder aus. Sein Gegenüber wollte es besser machen, es gelang, und „die Krott" blieb sogar im Magen. Seinen Taler erhielt er hierauf zurück. Und dann schauten sich beide lange nachdenklich an, bis ihnen dämmerte, daß alle Mühe eigentlich umsonst gewesen sei: siehe oben!

Daß man sich gut stellen und notfalls mit kleinen Geschenken „nachhelfen" sollte, meint der Rat:
Wer gut schmeert, der gut fährt
(zurückgeführt auf die Achse am Karren, die mit Fett geschmiert werden mußte, sollte das Rad sich gut drehen). *
Der kennt sich aus im Worschtkessel.
Den Hinweis auf den Kessel, in dem die Wurst beim Schlachten gekocht wird, könnte man so deuten, daß wer sich darin auskennt, immer den Schwartenmagen (die „dickste Wurst") oder seine Lieblingswurst heraus-fischen wird.

Eine derbe, aber in einem demokratischen Gemeinwesen ständig nachprüfbare Erkenntnis enthält der Zweizeiler
Viel Köbb, viel Sinn
viel Ärsch, viel Winn! **

* Auf ähnlicher Gedankentiefe beruht die rheinhessische Weisheit: *Vorne geriehrt brennt hinne net aa!*

** Für Humanisten: quot homines, tot sententiae (Terenz, Phormio 2,4)

Ein Beispiel für das Anti-Pathos der Rheinhessen enthält die Geschichte vom Hannes, der mit seiner Geiß, der Kuh des kleinen Mannes, über Land zog, zu einem Fest kam, die Geiß anband und nach seiner Rückkehr nicht mehr vorfand. Geld um sich einzumieten hatte er nicht. So legte er sich in einer Gastwirtschaft heimlich unter ein Bett. Das darin liegende Pärchen himmelte sich an. „Ich seh' die ganze Welt in Deinen Augen“, seufzte der junge Mann. Da konnte Hannes sich nicht beherrschen und rief laut: „Hoste aach moi Gaaß gesieh?“

Die bündige Ausdrucksweise der Rheinhessen, ohne Schnörkel und Umschreibungen, ist typisch für ihre Mundart. Der Bahnbeamte im Mainzer Hauptbahnhof beantwortete denn auch die Frage einer Frau vom Land, wo der Zug nach Alzey abfahre, auf die Unterführung weisend so:

Nix wie enunner, eniwwer, enuff un enoi, do driwwe peift er schunn!

Ebenso knapp (freilich nicht ohne makaberen „touch“) ist auch der Abschiedsbrief eines Bauern, der seinen Betrieb aufgeben mußte:

Rebe verfrore
Kardoffel verdorrt,
De Rescht versoffe.
Gruß – Eier Schorch.

Ist ein Mensch ungewöhnlich langsam und träge und kommt mit seiner Arbeit nicht voran, dann heißt es von ihm

Dem kann mer im Laafe die Schuh' sohle.

Im Gegensatz dazu steht das Prädikat

flott wie Lottche

dessen Herkunft ungewiß ist (mit Liselotte von der Pfalz dürfte es nichts zu tun haben, hingegen gibt es ein Haarsieb mit Rühreinsatz unter dem Artikelnamen „flotte Lotte“).

Bei aller Bereitschaft, Fremdes anzunehmen und Fremde gastlich willkom-men zu heißen, bleibt doch ein gewisser „Standesstolz“ bestehen, deutlicher noch in Zeiten einer nicht klassenlosen Gesellschaft ausgeprägt, aber auch heutzutage noch vernehmbar. Ausdruck dessen ist das Wort

Jed' Sau gehört vor ihr'n Trog.

Ähnliches besagt die Wendung:

Aaner Gaaß geheert kaan lange Schwanz,
sunst hätt se den uff die Welt mitgebrocht,

wie auch die bündige, aller Selbstverstellung absagende Feststellung:

Sau bleibt Sau, un wann se mit em Zylinder in's Bett geht.

Und wenn zuviel Vertraulichkeit von einer Seite kommt, der man sich nicht zugehörig fühlt, und gar Aufdringlichkeit spürbar wird, da heißt es:

Ich wißt net, daß mer zesamme die Säu gehiet' hätte.

Der Rheinhesse „nimmt kein Blatt vor den Mund", wenn er einen Menschen charakterisiert und beispielsweise von einem intellektuell etwas minder bedachten Zeitgenossen sagt:

Der hott emol en leichde Dod, der hott net veel Geischt uffsegewwe

oder einen allzu schweigsamen Mann (hierzulande eine Seltenheit) mit seiner allzu redseligen Frau vergleicht:

Wann der seiner Fraa ehr Gebiß oziehe det dann hätt er Worte.

Man ist gerne „in Gesellschaft" beieinander („mit de Freindschaft", was nicht die Freunde meint, sondern die weitläufige Verwandschaft, „um drei Ecke"), aber man weiß auch ganz genau, vor allem unter Nachbarn:

Wann's Geschiß zu groß werd nimmt's e stingisch End !

Gelegentlich gibt es auch Anwandlungen von Unheiligkeit, an Fassenacht wie über's Jahr. Sie werden dann meistens in ein harmloses Sprachgewand gehüllt. So wurden die wie ein Kinderlied erscheinenden Nonsenszeilen

Hoorich, hoorich, hoorich is die Katz,
Un wann die Katz net hoorich wer,
Dann wer se aach kei Katz

gesungen auf die Melodie „Heilig, heilig, heilig ist der Herr".

Überhaupt darf man allzuviel Pietät von den Rheinhessen nicht erwarten. Nicht nach jedermanns Geschmack ist ein bisweilen etwas schwarzer Humor, dessen verletzende Elemente bei spontaner Reaktion auf Gehörtes dem Sprecher gar nicht bewußt werden. Aus jüngster Zeit persönlich verbürgt ist so folgende Begebenheit:

Eine Rheinhessin wird von zugezogenen Mitbürgern engagiert zur Pflege der erkrankten Oma, einer alten Dame. Guter Lohn ist vereinbart, er ist für den Hausbau der jungen Frau einkalkuliert. Es hat den Anschein, daß die Pflege sich lange hinziehen wird. Aber schon wenige Tage nach Beginn der Pflege verstirbt die Betreute überraschend. Die Pflegerin kann nicht mehr rechtzeitig verständigt werden und erscheint am nächsten Tag zur üblichen Zeit bei dem Ehepaar. Man teilt ihr mit, ihre Tätigkeit habe sich erledigt. Einem kurzen Erschrecken, weil der gute Lohn nun nicht mehr winkt, folgt der Ausruf: „Ei, des war awwer en korze Spaß!"

Im Umgang mit dem Tod sind die Rheinhessen nicht zimperlich, er ist Teil ihres Weltverständnisses, und man versucht, ihm locker zu begegnen. So ist es keinesfalls pietätlos, wenn ein mir als sehr empfindsam und herzensgut bekannter Sargschreiner einen Sarg für den im Hause aufgebahrten Toten ablieferte und sich laut verabschiedete:

Alla Gure , bis wirre mol ! *

Meine erste, frühe Erfahrung mit der rheinhessischen Sitte des „Beerdigungskaffees", der nach dem Gang zum Friedhof und der anschließenden Trauerfeier Angehörigen und nahen Freunden vor dem Nachhauseweg geericht wird, war die damals noch als schockierend empfundene Bemerkung einer Tischnachbarin:

De Leichekuche is de beschde Riwwelkuche !

womit ausgedrückt wurde, der zu solchen Anlässen traditionsgmäß gebackene

* Siehe dazu die Abschiedsfloskeln auf Seite 43 (hier: „bis auf ein anderes Mal!")

Streuselkuchen („Riwwelkuche“) sei stets besonders schmackhaft. Das heißt: Auch Trauer stumpft rheinhessische Gaumen nicht ab.

Man scheut sich auch nicht, mit den Folgen des Alleinseins zu drohen, wenn wieder einmal um Belanglosigkeiten gestritten wird, die „Saggbennels net wert“ sind.* Und so warnt man den Ehepartner in selbstbewußter Einschät-zung des Wertes der eigenen Person:

Wann ich emol die Aache zumach, dann geh'n se Dir uff!

Von raschem Entschluß, verbal drastisch umgesetzt, so sind sie aber auch, die Hiesigen. Unabänderliches wird ohne Zetern als Tatsache akzeptiert:

Hot de Wolf die Gaaß geholt, kann er se aach fresse! **

was heißt: Wenn schon Schaden entstanden ist, kommt es auf den Rest auch nicht mehr an!

„Dumm Gebabbel“, Antipathos (typisch rheinhessisch) und angeborener Spaß am Wortspiel vereinen sich in folgender „Szene bei Tisch:“ Der Ehemann möchte die Schüssel mit der Soße haben und äußert diesen Wunsch prosaisch-locker. Hierauf die Ehefrau in bewußt geziertem Hochdeutsch:

Wenn Du nicht in Reimen sprichst
Reich' ich Dir die Soße nicht!

Alsdann der Ehemann im Wortkontrast:

Du ald Oos –
Geb mer mol die Soß!

Vor allem aus Nachrufen bei Beerdigungen wird eine bedauerliche Erkenntnis geschöpft:

Erschd wann mer gestorbe is werd mer so rischdisch gelobd.

* Nicht einmal soviel Wert wie die Kordel, mit der man einen (z. B. Kartoffel-) Sack verschließt.

** Eine andere Version: *Hot de Deiwel die Gaaß geholt, kann er aach de Bock noch krieje!*

Nicht so eindeutig und fraglich, ob tröstend gemeint, ist eine andere Feststellung:

Wer frieh sterbt is länger doot

In weiterer Steigerung grob-unmißverständlicher Ausdrucksweise wäre eine Lektion mühelos mit „Deftigem“ auszufüllen. Rheinhessischer Dialekt bietet hierzu eine reichhaltige Palette, besonders fäkalnaher Umschreibungen, die ihre altbäuerliche Herkunft nicht verleugnen können. Mit Rücksicht auf zartbesaitete Leser(innen) beschränken sich die Beispiele jedoch auf die Beschreibung rückwärtiger Entladungen von Blähungen. Medizinisch werden sie schonend Flatulenzen genannt, im Mundart-Sprachgebrauch aber „Ferz“ (Einzahl: „Forz“).

Da gibt es die prägnante Formulierung

drogge wie en forz

oder auch, verkürzt

forzdrogge

(wie ein pfälzischer Winzer auf dem Flaschenetikett seinen sehr trockenen Literwein vorstellte).

Auch werden negative Verhaltensweisen anderer unter Benutzung dieses Kraftwortes angesprochen:

Ferz mit Krigge

(gemeint „dummes Zeug“, weil Hilfen („Krigge“ = Krücken) zum Verständnis benötigt werden) oder auch

aus em Forz en Dunnerschlag mache

(was bedeutet: übertreiben, eine Kleinigkeit überbewerten)

Viel harmloser, aber von Lebenserfahrung geprägt, ist die Verwendung eines auch typisch rheinhessischen Wortes. Es heißt „ebbes“. Leicht zu erkennen, dass die hochdeutsche Fassung das Wort „etwas“ ist. Die mundartliche Umformung lässt ein markantes Merkmal unserer Mundart erkennen, nämlich die „Mund-

faulheit“, die Ablehnung von ziseliertem, „feinem“ Sprechen. Um „etwas“ zu sagen braucht es Zunge, Zähne und Lippen (probieren empfohlen). Um das Wort „ebbes“ auszusprechen, genügen unangestrengt die Lippen.
Und so liest sich dann der Weg von der Jugend zum Alter*:

*Wann en Borsch alla is, muß er sich ebbes suche, wo ebbes hot, ebbes kann, ebbes vorschdelt und hoffentlich aach ebbes mitbringt.*** *Wann er so ebbes gefunne hot, dann hot er ebbes fers Lewe. Die Hochzeit darf schunn ebbes koschde, dass mer sieht, dass ebbes dehaam is. Mer waaß jo: Wo ebbes is, kimmt gewehnlich aach ebbes dezu.*

Wann sich ebbes Klaanes aameld, seet die Nochberschaft: Die kriehn ball ebbes. Des Kind kimmt später in die Schul, dass es ebbes lernt. Wann se dann in die Lehr' kommen, missen se auch ebbes lerne, ebbes wern und ebbes verdiene. Es soll aber aach noch ebbes iwwerisch bleibe, dass se im Alder ebbes zu beiße hunn.

* Nach J. Fendl, zitiert bei E. Mayer (siehe S. 109).
** Siehe dazu S. 31

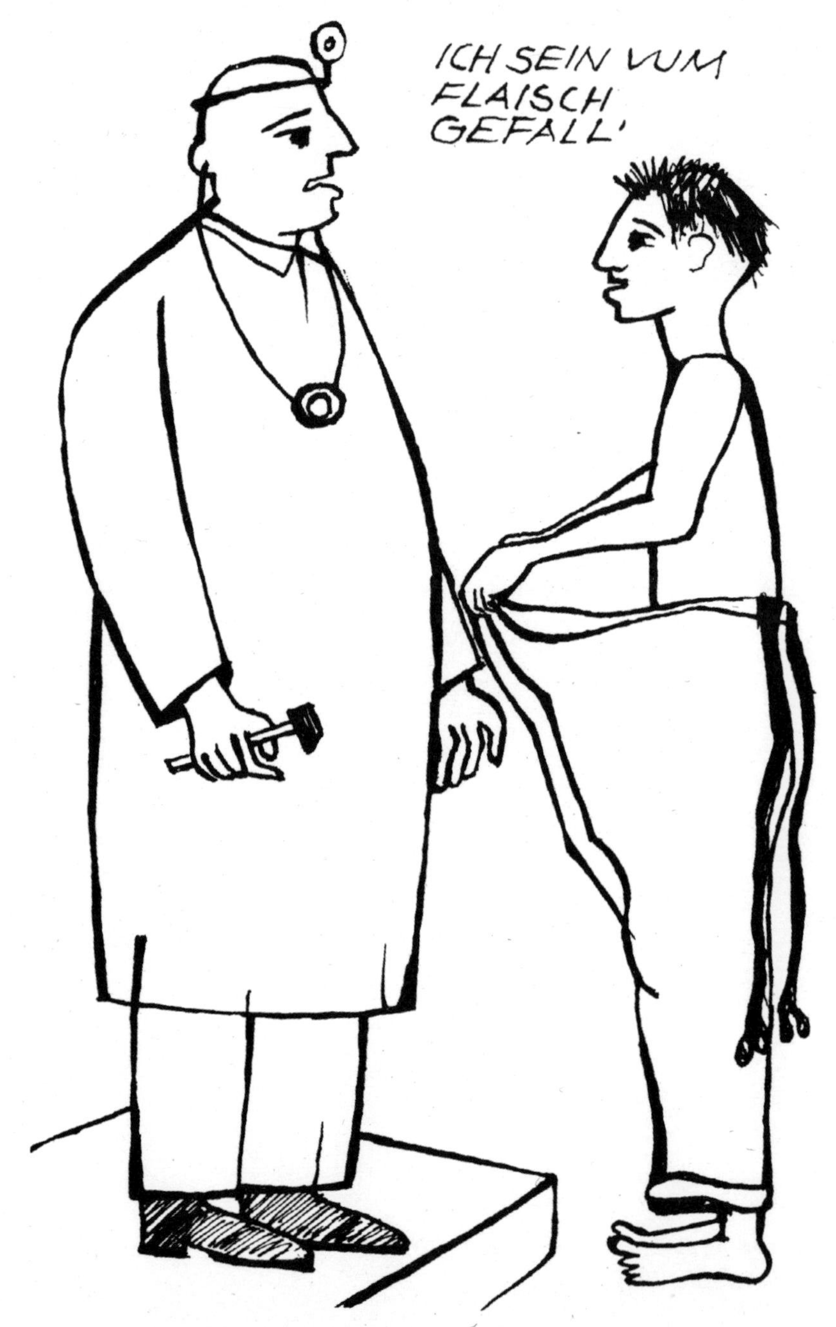
ICH SEIN VUM
FLAISCH
GEFALL'

Patient beim Arzt

In der vierzehnten Lektion wird mitgeteilt, wie ein Alt-Rheinhesse leibliche Beschwerden dem Arzt verständlich zu machen versucht

ich sein rack	ich bin abgeschafft, fertig
ich sein rack am Baa	ich bin lahm (nicht: gelähmt)
ich sein dummelich	ich bin schwindelig
es iebt	es würgt mich immer wieder (Brechreiz)
es doobt in mer	Beschreibung eines Wundschmerzes (meistens harmlos)
ich sein wie dorchgeweljert	ich fühle mich wie zerschlagen
es is mer net so	ich fühle mich krank (ohne genauere Angaben)
ich hunn die Wechsteier net mehr	ich habe Gleichgewichtsstörungen
es gedenkt mer nix mehr	ich bin sehr vergeßlich
ich hunn so Gebiss am Gemäch	es juckt mich amGeschlechtsteil
ich glaab ich krieh ball die Krenk	es geht mir so schlecht, daß ich befürchte, bald sterben zu müssen
ich sein so brezelmerb	ich fühle mich elend
es hot mich graad verriß'	ich hatte heftige Bauchschmerzen
ich sein vum Flaisch gefall'	ich habe stark abgenommen, ich bin fast abgemagert
ich hunn de Schlickse	ich habe den Schluckauf *
ich hunn en Wechschisser am Aach	ich habe ein Gerstenkornam Auge
ich sein ganz err im Kobb	ich bin völlig durcheinander

ich hunn de Schisse (auch: *de Dorchmarsch*)	ich habe Durchfall
ich maan grad ich det verstricke	ich habe Luftmangel beim Atmen
ich hunn so schwere Baa	ich habe Durchblutungsstörungen in den Beinen **
bei mir stecke sich die Winn	ich habe verhaltene Blähungen
ich hatt' die Gichdern	ich hatte einen Nervenanfall ***
ich bin ganz newer de Kabb	es geht mir insgesamt nicht gut
ich krieh de Herzkaschber	ich habe Angst, daß ich Herzflattern bekomme
ich geh erum wie e briehich Hinkel	ich habe Fieber, eine Grippe kommt
ich hunn widder die Mannichfalt	im Verdauungstrakt habe ich Störungen
ich hunn en Schliwwer im Finger	ich habe einen abgesplitterten Holzspan im Finger
ich hunn de Nawwel rausgedrickt	ich habe einen Nabelbruch
ich hunn de Schwingel	mir ist schwindelig
ich wachs unner micht	ich bin schon wieder einige Zentimeter kleiner (nachgebendes Knochengerüst im Alter)

* Aber: *er hott de Schlickse krieht* = er ist gestorben, und: *de Schlickse sollsde kriehe* (= als Verwünschung).

** Merke: *Mit de Johre kumme die Kassore* (Altersbeschwerden, von jiddisch chissoren = Gebrechen).

*** Hingegen als Verwünschung: *Die Gaasegischdern sollsde kriehe* (Geißenkrankenheit).

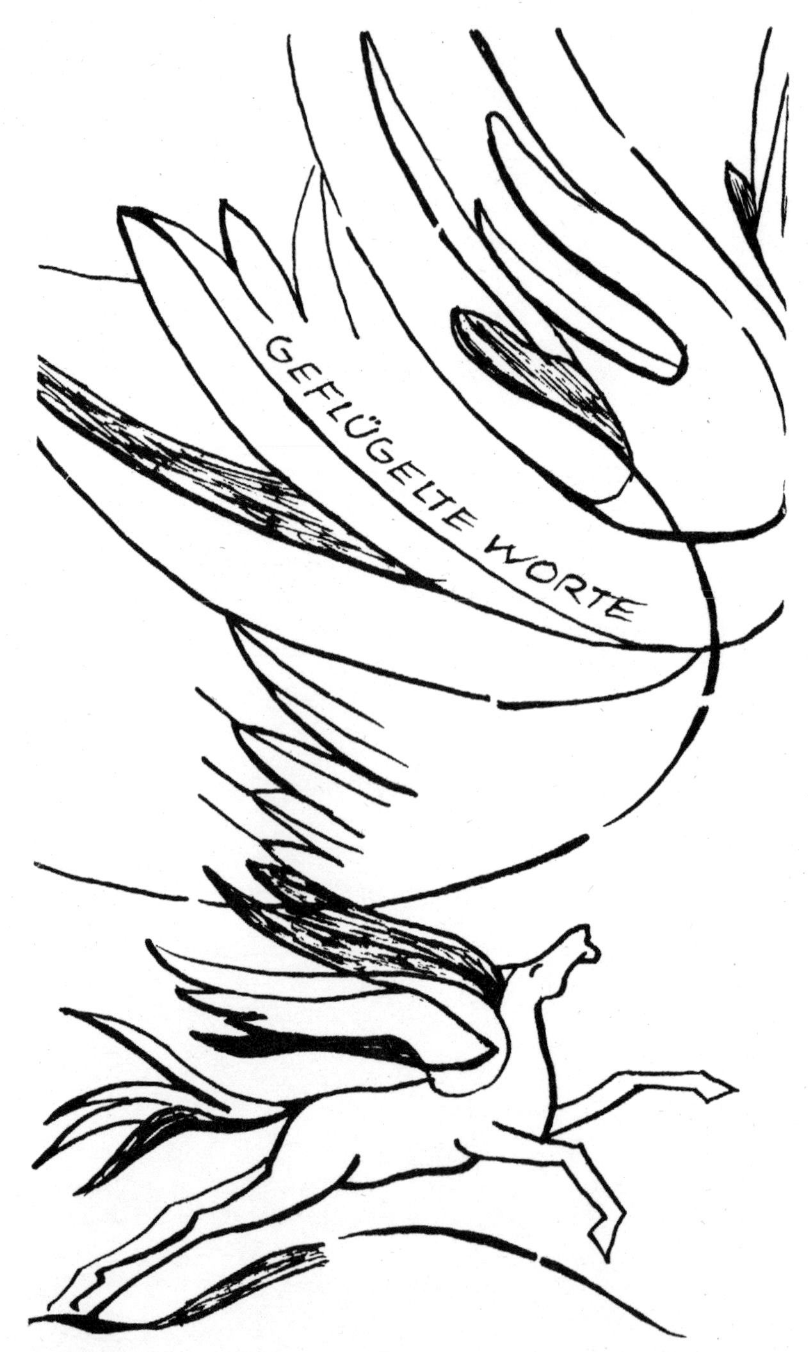
GEFLÜGELTE WORTE

Lennigs geflügelte Worte

In der fünfzehnten Lektion sind mundartliche Lebensweisheiten fein notiert

Wer in rheinhessischer Mundart-Geschichte stöbert stößt irgendwann auf den Altmeister dieser Gattung regionaler Ausdrucksweise, Friedrich Lennig.

Geboren wurde er am 3.11.1796 (1797?) in Mainz. Sein im 2. Weltkrieg zerstörtes Geburtshaus am Markt wurde mit einer an ihn erinnernden Gedenktafel wieder aufgebaut. Lennig besuchte dort das Gymnasium und den philosophischen Kursus des bischöflichen Seminars. Später wurde er Kaufmann, lebte in St. Gallen, gab den Beruf aber wieder auf und zog nach Mainz zurück, wo er privatisierte und am 6.4.1838 starb.

Lennig – von Feist (1900) als einziger überragender Dialektdichter bezeichnet – schrieb im Dialekt des Mainzer Umlandes. Seine Gedichtsammlung „Etwas zum Lachen" erlebte ihre 11. Auflage im Jahre 1938, in seinem 100. Todesjahr und zum 100jährigen Jubiläum des Mainzer Carneval-Vereins. Sie erschien im Verlag Kirchheim & Co. in Mainz und dann auch in Reclams Universal- Bibliothek. In seinen Gedichten in „Pfälzer Mundart" (bis Nieder-Olm sprach man aus Mainzer Sicht lange noch von der „Pfalz", tatsächlich ist es rheinhessischer Dialekt) schildert er auch Erlebnisse des Bauern Jerjel und mancherlei lokale Geschehnisse.

Bei einer Neuauflage wurde ein Anhang „Geflügelte Worte aus Lennigs Dichtungen" angefügt, aus dem die folgenden Zitate stammen. Sie lassen den Wandel des Dialekts (nebst einigen oberhessisch anmutenden Einsprengseln) ebenso erkennen wie sie aus ländlicher Volksweisheit schöpfen.

Sich iwwerhaapt met fremde Feddern butze
Hält nor von elf bis zwelf un kann nix nutze.

Wer net laveert un will dem Strom entgehefahre
Dem rot' eich, lieber gleih die Mih sich ganz ze spare.

Kaa Fraa, wann se aach noch su schwach aussieht,
Werd je vum Schwätze un vum Danze mied.

Mer is uff dare Welt (freilich aach Gott ze ehrn)
Jo doch for sunscht nix do, als for ze profedeern.

Dem aane dhut sei bissi Springe glicke,
En annerer muß dausendmol sich bicke.

Wann deß su fortgieht, kimmt mer vor,
Werd unser Dorf e Stadt in hunnert Johr.

Lest, wann d'r lese wollt, die Beere uff, die falle,
Was braicht er eich met Bicher uffzehalle?

Do wisse se, wu Moskaa leiht,
Un in der Ortsgemarkung kaan Bescheid.

Mer hilft em jede gern als aus der Not,
Doch wißt er, ummesunst is nor de Dod.

Was kimmern meich die Leit,
m'r micht die Narrn ehr Lebdag nit gescheid.

Dann vun e jedem waaß eich was,
Un waaß eich nix, do micht mer's Lihe Spaß.

HÄMMER UN
HEMMER HUMMER

Das Mundart-Seminar

In diesem Kapitel werden
Auslesen rheinhessischer
Mundartphilosophie dargeboten

Hans Peter Renfranz

Zur Analyse der Floskel „ei“

Ich wende mich nun den Einwohnern der Ortschaft M. zu. Einem Fremden, liebe Freunde, mußte auffallen, wie seltsam ihre Sprachhandhabung war. Den Charakter von Einwohnern einer Ortschaft kann man am besten daran erkennen, wie sie tagtäglich sprachlich miteinander umgehen. Obgleich ich viele Jahre in der Ortschaft M. gelebt habe, ist es mir nie gelungen, die Sprachhandhabung zu erlernen. Verstanden habe ich sie jedoch sehr gut. Wenige Tage war ich erst dort und alles war mir noch sehr fremd, als ich folgende Begebenheit erlebte. Auf einer Straße eilte eine dicke Frau auf einen schmächtigen Herrn zu, breitete die Arme aus, schlug ihn mit der Rechten auf die Schulter und ließ folgende Laute hören: „Ei, Juppsche, wie.“

Euren ratlos lächelnden Gesichtern, liebe Freunde, sehe ich an, daß ihr mit diesem Satz – ja, es handelt sich um einen vollständigen Satz – genausowenig anfangen könnt wie ich damals. Nach und nach erst ist mir die Bedeutung, seine ganze Tiefe aufgegangen. Doch was bedeutet der Begriff *ei* zu Anfang des Satzes? Ich will mich vorerst damit begnügen, ihn als schlichten Auftakt zu betrachten. Es könnte lauten *Nun* oder auch *Hallo* oder ausführlicher *Es ist schön, Dich hier zu treffen.* Doch wie wir noch sehen werden, ist kaum ein anderer Begriff aus der Sprachhandhabung der Einwohner der Ortschaft M. schwieriger zu deuten als dieses schlichte *Ei.* Leider haben wir es da schon mit dem Worte *Juppsche*. Hier handelt es sich um den Rufnamen des schmächtigen Herrn. Er lautet *Jupp*, beziehungsweise übersetzt: *Joseph*. Das nachgeschobene *-sche* ist eine Deminutivum, das aus dem Namen *Joseph* ein *Josephlein* oder auch ein *Kleiner Joseph* macht. Deminutiva in der Anrede, liebe Freunde, wurden immer dann verwandt, wenn zwei Personen miteinander vertraut waren. Also ist es wohl angebracht, daß *Juppsche* mit *Mein kleiner Joseph* zu übersetzen. Und was hat es mit dem letzten Wort Wie auf sich? Nun, ganz einfach! Denken wir uns ein Wie geht es Dir oder Wie ist das Befinden hinzu, schon haben wir die Lösung. So heißt der Satz *ei, Juppsche*, wie vollständig übersetzt: *Es ist schön, Dich zu sehen, mein kleiner Joseph, wie ist das Befinden.*

Doch diese Übersetzung, die in Euren Ohren sicher sehr holprig klingt, gibt nicht im entferntesten den ganzen Sinn dieses Satzes wieder. Wir müssen tiefer schauen, viel tiefer.

Da ist zunächst das Wörtchen *Ei*. Dieser Begriff, liebe Freunde, gehörte zu den in der Ortschaft M. am meisten gebrauchten. Ja, heute, in der Erinnerung will es mir so scheinen, als wenn es überhaupt keinen Satz gab, in dem nicht dieses *Ei* auftauchte. Was aber bedeutet *Ei?* Ist es wirklich nur ein belangloser Satzauftakt? Eine Verlegenheitsfloskel? Oh nein, liebe Freunde, ganz und gar nicht. Denn selbstverständlich steht dieses *Ei* in direkter Beziehung zu dem Substantiv *Das Ei*. Und dieses Substantiv wieder ist, wie wir wissen, eine Metapher für *Der Anfang* und *Der Beginn*. Ich will mich hier auf den römischen Dichter Quintus Horatius Flaccus berufen. Der in seinem Werk „Über die Dichtkunst“ den bemerkenswerten, in meinem Zusammenhang sehr nützlichen Satz schreibt *Ab Ovo usque Mala*. Frei übersetzt lautet er: „Von Ei zum Apfel.“ Da aber mala auch der Plural von Malum, „das Schlechte“ also, ist, sollte man besser übersetzen: *Vom Ei zum Schlechten*, beziehungsweise: *Vom Anfang zum Übel*, ja, *Vom Anfang zum Untergang*. Und, liebe Freunde, bedeutet dieser Satz nicht auch: Jeder Anfang trägt in sich das Ende? Ja, so ist es. Und genau dieser Sinn verbirgt sich hinter dem so unscheinbaren Satzauftakt Ei, den die Einwohner der Ortschaft M. so gern gebrauchten. Immer dann, wenn sie Ei sagten, bedachten sie das Ende allen Lebens. Ja, so stellt es sich mir heute dar: Sie wußten, viel früher als in anderen Ortschaften, um das drohende *Ereignis*. Vielleicht gibt es einige unter euch, liebe Freunde, die meine Interpretation für übertrieben halten. Diesen werde ich einen allerletzten Beweis für meine These unterbreiten. Rufen wir noch einmal den Satz *Ei, Juppsche, wie* in Erinnerung, dann fällt auf, daß der

Diphthong *Ei* mit dem Wörtchen Wie korrespondiert – er wird umgedreht! Der Anfang wird gespiegelt und macht das Ende sichtbar. Welch ein unendlich tiefer Sinn steckt sogesehen in diesem einfachen Satz – und welch eine Gegensätzlichkeit.

Liebe Freunde, so wie das Andachtshaus zwei gegensätzliche Türme hatte, so wie eine Schönheit ihren Kontrapunkt in dem anderen schrecklichen doppeltürmigen Gebäude hatte, so wie die herrlichen Paläste ihr düsteres Pendant in den gräßlichen Kaufpalästen hatten, so wie man meinen konnte, man befände sich in der Ortschaft M. zugleich in mehreren, schönen wie häßlichen Ortschaften, so ergänzen sich einander das *Ei* und das *Wie*, wie eben sich Anfang und Ende ergänzen. *

* Siehe dazu die „magische Illustration“ auf Seite 44.

Fritz Kleemann

Schbrochverwirrung uff rhoihessisch

In so'me Kramlade uffem Land, so ab un' zu find' mer jo noch oaner, ihr wißt jo, so oaner wo's vum Hering bis zum Fahrrad alles gibt, also in so, me Lade schdeht en Lehrling, heit see't mer jo Azubi, un' bohrt in de Nos'. En Kunne kimmt eroi un'free't: „Hunner Hummer?" De Azubi schreit hinner ins Lager, wo de Chef grad die Regale oiroamt: „Chef, hummer Hummer?" De Chef zurick: „Hummer hummer net, des waaßte de doch!" De Lehrling zum Kunne: „Sie hunn jo geheert, Hummer hummer net, Hummer hammer aach noch nie, hemmer Hummer, wollt Koaner Hummer hunn, was solle mer also Hummer hunn?"

E Zeitlang schbäder kimmt widder en Kunne un' free't: „Hunner Hämmer?" De Azubi brillt widder hinner: „Chef, hummer Hämmer?" De Chef: „Hemmer hummer, fro' mol was fer e Farb?" De Azubi: „Was fer e Farb soll isch fro'". Der Kunne: „Egal was fer e Farb, die Hauptsach mer kann mit naa'le!" De Azubi: „Ach ihr wollt Hämmer un koa Hemmer!" Er ruft widder hinner: „Der Kunne will Hämmer un koa Hemmer, hummer aach Hämmer?" De Chef: „Hämmer? Hämmer hummer grad koa, nor Hemmer hummer!" De Azubi zum Kunne: „Sie hunn jo geheert, Hämmer hämmer koa, nor Hemmer hämmer!" So geht der Kunne halt widder ohne Hämmer un brummelt: „Hänner Hämmer gehatt, hätt isch Hämmer kaaft, awwer Hemmer, Hemmer brauch isch koa, die hummer!"

De Azubi bleibt frustriert zurick un moant: „So is des immer, will oaner Hämmer, hummer Hemmer, un verlangt oaner Hemmer, hummer Hämmer, un Hummer hummer sowieso net, Hummer hammer aach noch nie! Im Aablick hummer nor Hemmer, hämmer Hämmer, de'n se fro' no Hemmer. Immer was mer net hunn wolle se hunn."

Klaus Schmahl

Aus dem Notizbuch eines Mundartprofessors

Bei meinem Studium der deutschen Mundarten fällt mir immer wieder eine ganz abscheuliche auf, und das ist diejenige, die in Mainz gesprochen wird. Sie wird an Scheußlichkeit nur noch übertroffen von der, die man im Hinterland von Mainz, also in Rheinhessen, spricht. Ich hoffe, daß ich ihnen das in meinem Vortrag beweisen kann.

Als ich kürzlich in Mainz einen alten Bekannten besuchte, der ein reizender Mensch ist, solange er nicht den Mund aufmacht, da kam ich just zu einem Zeitpunkt, als ihn seine lockere Lebensgefährtin gerade verlassen hatte, von der noch einige Utensilien in der Wohnung herumlagen. Auf meine Frage, was das wohl sei, antwortete er : dess is dess Gelerch von meiner Schnerch, die is mit so em Zwerg über alle Berg. Er wollte damit sagen, dies sei das Gelörge seiner Schnörge, die mit einem Zwörge über alle Börge sei. Frei übersetzt heißt das etwa: Dies sind die Habseligkeiten meiner Exgeliebten, die mit einem Liliputaner durchgebrannt ist. Auf meine Bitte, sich doch etwas verständlicher auszudrükken, antwortete er: na ja, also dess is der Klumbatsch wo die Zumbel verbummbeitelt hat, bevor se der Knotefotz verkassemadugelt hat.

Wenn ich ihnen hier einige Beispiele rheinhessischer Mundart geben soll, so kann ich das am besten, indem ich ihnen etwas über die Bewohner dieses Landstriches erzähle. Eine hervorstechende Eigenschaft der Rheinhessen ist ihr gesunder Erwerbssinn, und ihre Devise ist: Mer san fer nix uff de Welt, als fer zu profedeern. Und wenn sie dann genunk profedeert hun, dann sagen sie voller Stolz: Mer strunze nit, mer hun. So nimmt es auch nicht Wunder, daß ein rheinhessisches Ehevermittlungsinstitut sich den Werbespruch ein-fallen ließ:

Bist du auch häßlich, mach dir nur kää Sorje,
bei uns zählt die Schönheit nach Hektar und Morje.

Die Rheinhessen sind sehr emotionell veranlagt. Wenn man jemanden nach der Uhrzeit fragt, und der Befragte ist gut gelaunt, dann wird er etwa antworten: Alleweil is es Uhre fimpf. Ist er aber schlecht gelaunt, kann man zur Antwort bekommen: Es is dreivertel uff Glocke, un wenn de Hund scheißt gibts Brocke.

Die Rheinhessen sind sehr gastfreundlich, und wenn man ihr Vertrauen gewonnen hat wird man zum Essen eingeladen mit den Worten: Ei duhn uns doch emol die Gunn an, wenns geht. Zum essen wird man dann aufgefordert: essen nor un schineern eich net, die Seierjer krihns doch. Wenn man dann immer noch nicht genug zulangt, dann heißt es: Ei sein doch nit so schnee-gelich, sunst bleibener es Lewe lang e Schmintzje. Sie selbst haben einen gesegneten Appetit, und ein komplettes rheinhessisches Menu sieht etwa folgendermaßen aus: en Rostbrate wie en Abtrittsdeckel, dezu e Badewann voll Sooß und zwaa Reihe Kartoffele, und zum Nachtisch en annerthalbe Morje Riwwelkuche.

Die Rheinhessen können aber auch Feinschmecker sein, wie ein Gespräch beweist, das ich kürzlich bei einer offiziellen Veranstaltung am kalten Buffet zwischen zwei rheinhessischen Bauern mithören konnte, und das klingt so: Hun er eich schun vun dene Hummere genumm? Na, ich hun jo so viel vun dene Fischeier gess. Ja, vun dene hun ich mer aach noch e Dippje voll mitgenumm, do mache mer e par Krumbeern dezu, un do hun mer fer morje noch e Imbs.

Die Rheinhessen haben eigentümliche Körperteile. Wenn ihnen jemand lästig fällt, sagen sie: du gehst mer uff die Makron. Meine Damen und Herren, wer von uns hat schon eine Makron. Sie nicht und ich nicht, aber die Rheinhessen haben offenbar ein solches Organ.
Oder: Der Krutze. Ein Körperteil, offensichtlich dazu da, um dagegen zu schlagen. Ich haach der vor de Krutze, hört man häufig auf rheinhessischen Kirchweihfesten. Außerdem dient er Alkoholikern dazu, ihn sich abzusaufen.

Die Rheinhessen sind außerordentlich nachtragend. Als ich kürzlich mit einem jungen Mann durch ein rheinhessisches Dorf ging, kam uns ein anderer junger Mann entgegen und beide würdigten sich keines Blickes. Auf meine Frage, warum er denn nicht gegrüßt habe, antwortete er: Ei mit dere Familie saan mer bees. Und warum? fragte ich weiter, und erhielt zur Antwort: Ja dess waaß ich aach nit, aber moin Urgroßvater, der hots noch gewisst.

Ja, zu Urgroßvaters Zeiten war das Leben in Rheinhessen doch noch um einiges geruhsamer. Wie schön war es, wenn der Bauer fröhlich die Peitsche knallen ließ und rief: Hüh Schimmel, die Kuh brunzt! Heute dagegen hört man ihn meistens nur fluchen: Scheiß Traktor, alleweil hat die Kurbelwell die Kränk krieht.

An den Schluß meiner Ausführungen möchte ich ein Gedicht stellen, das aus der Feder des weithin unbekannten Heimatdichters Vinzenz Caramba Rumbelforz stammt, und das mich durch seine ergreifende Schlichtheit immer wieder tief berührt:

Es is wie's is,
en scheppe Arsch gibt en scheppe Schiß.

Armin Burkart

Was „leit" net alles

Mit meine Kollesche hunn ich die vorich Woch beim Stammdisch bei e paar Riesling üwwer des unscheinbare Wörtsche „leit“ simmuliert. Nadierlich kimmts bei dem „leit“ aach immer druff aa, in was fere Tonart dess ausgesproch werd, dann kann nemlich ebbes gans anners demit gemaand soi.
Ich will emol e gans aafach Bespiel saa: Wann ich dehaam zu moiner Fraa saa: „Kannschd du mer emol saa, wo moin Schlissel leit?“ Dess kann mer jo noch vestehje. Denken awwer emol an dess Wertsche „leit“, in wieviel Versjone meer des in Alse* aawennen. Noch e Beispiel, wann mer vun de Nochbersleit redd. Maand mers posidiv, dann det mer wahrscheinlich saa, „ja, dess sinn Leit!“ Will mer eher ebbes Negadives vun dene saa, do dets wahrscheinlich haasche: „Ei, was nennschen mer do fer Leit!“
Unn wanns aaner net so mit de Awweid hot, da saan die Alser: „Es Schaffe leit em net so!“ Unn wann mer mit aam no Möchlichkeit nix se due hunn will dann haaschds: „An dem leit meer gar nix!“ Wann aaner gern pusche dut, dann sed mer: „Was der macht, dess hält vun elf bisses leit!“ Dess muss mer awwer heitsedaachs schun erkläre, weil dess net meh jeder vesteht. Dann vun elf bis es leit** iss nor aa Stunn. Nemlich in erschder Linie uff em Land, frieher fer die Baure im Feld, hots um 12 Uhr geleit, dass die gewisst hun, wann Middagspaus iss.*** Also hot dess, was so en Puscher gemacht hot, grad emol fer e Stunn gehall.
Unn wann heit aaner in Rhoihesse seed: „Dess leit mehr schwer im Maa“, dann iss dess kaa gut Zeiche. Dann hot er aafach ebbes Falsches gäss, odder er hot e Problem wo er mit sich erumschleppt unn kaa Lösung finnd.

* Alzey, Kreisstadt im rheinhessischen Hügelland.

** Läutet.

*** Eine andere Version siehe Seite 49.

Wann aaner awwer bei uns seed: „Dess leit mer grad uff“, dann will er dodemit saa, ich denk jo gar net draa dess se me mache. Oder wann aam ebbes „net leit“, dann maant mer dodemit, ich hunn fer so ebbes kaa Hännsche, ich kann des aafach net mache.

Ebbes gans was anneers iss, wann aaner seed, „der leit vun mojens biss owends im Neschd“, oder „der leits gans Johr uff de faul Haut!“ Ich glaab, ich muss niemand erkläre, was dodemit gemaand iss. Aach net uubedingt posidiv is, wann mer seed: „Dem leit aach grad garnix do draa!“

Unn wanns Eich grad uffleije det unns det Eich grad ebbes ännfalle an was dess leit, dann kennen Ehr mer jo geern schreiwe.

* * *

Zum Verständnis des Wortes „leit“ als Glockengeläut im vorhergehenden „Seminar-Beitrag“ gibt es noch eine andere, für Mainz typische Version in fastnachtlich anmutenden Reimen:

Die Määnzer sinn aarch frumm
Geh'n sunndags in de Dum,
Doch mehrschdens drumherum.
Do sitzen dann die Ööser
Wo's leit mit Schobbegläser.

Erläuterung für Mundart-Azubis: Manch frommer Mainzer hat zwar den guten Vorsatz, den Gottesdienst im Dom am Sonntag zu besuchen. Mit dieser Absichtserklärung verläßt er auch sein trautes Heim. Dann aber wandelt sich sein Sinn, und er besucht eine der hinter dem Dom, in den Straßen der Altstadt, befindlichen, von wöchentlicher Einkehr vertrauten Weinstuben (und geht so „um den Dom herum“). Wenn die dort den Wein genießenden Freunde („Ööser“ ist die Mehrzahl von „Oos“, vielfältiger Bedeutung, hier als „Schlitzohren“ o.ä. gemeint) mit den Schoppengläsern (meistens der zylindrischen, typisch Mainzer „Stange“), einander zuprostend anstoßen, gibt dies einen hellen, singenden Ton, der dem Läuten von Kirchenglocken ähnlich sei, so daß es auch in der Weinstube „leit“.

Autoren des Mundart-Seminars

Hans Peter Renfranz, geb. 1941 in Posen, ZDF-Redakteur, Buchautor (u. a. „Das Dorf“, „Die Stadt“), lebte in Mainz („Ortschaft M.“), wo er 1990 starb.

Fritz Kleemann, geb. 1932, war Sachbearbeiter bei IBM, lebt seit 1945 in Elsheim, woher seine Vorfahren von Vaterseite stammen, schreibt Verse und Prosa in der Mundart des Selztales (Textabdruck: gekürzt).

Dr. Klaus Schmahl, geb. 1931 in Mainz, Vorfahren aus Essenheim stammend, war Zahnarzt, aktiver Fassenachter beim CCW (Carneval Club Weisenau) und MCV (Mainzer Carneval-Verein), Vorträge als „Mundartprofessor“ 1989 und 1990 (Abdruck: gekürzte Wiedergabe einer Auslese hieraus).

Armin Burkart, geb. 1945 in Gabsheim (Rheinhessen), war Lokalredakteur der „Allgemeinen Zeitung“ (Mainz / Alzey). Schreibt die Mundart-Kolumne„Schnatz vom Kronenplatz“. Ihr ist dieser Beitrag, etwas gekürzt, entnommen.

Nachlese

zur 9. Auflage von „Horch emol"

Mundart war lange fast verschüttet, jedenfalls wenig geachtet, Sprache des „einfachen Volkes". Es existierte auch keine Mundartliteratur. Dieser als Mangel empfundene Zustand veranlasste mich schon in jungen Jahren, gut gereimte, inhaltsreiche Gedichte von einst und jetzt zu sammeln. Mit erkundeten biographischen Daten ihrer Verfasser und einleitenden Gedanken zum heimischen Dialekt entstand so das erste meiner Mundartbücher: „Gelacht, gebabbelt un gestrunzt" (1964; später Dauertitel einer traditionellen Mainzer Fastnachtssitzung).
Daß damit eine Wiederbelebung rheinhessischer Ursprache" eingeleitet, zumindest angeregt sei, war eine vermessene Hoffnung. Tatsächlich regte sich aber damals allmählich wieder Schreib- und Leseinteresse. Jahre überspringend: Mundart ist heute wieder lebendig, oft zaghaft, in sehr persönlichen Gedichtbändchen, Erzählungen, in Mundartwettbewerben vorgetragen, auf Kleinkunstbühnen und in den Liedern hiesiger Barden. Lokale Medien räumen ihnen wieder Platz ein. Dazu trägt freilich auch die lebhafte Diskussion um die Bestimmung des Begriffes „Heimat" bei, der im Umfeld fremdländischer Zuwanderung besonders aktuell und von gelebter Sprache, als Ausdruck von Identität, nicht zu trennen ist.

So erschien „Horch emol!" im Jahre 1993 wieder in einer für rheinhessische Artikulation aufgeschlosseneren, geradezu wissbegierigeren Landschaft. Es förderte die Hinwendung zu dieser oft heiteren, auch aufschlußreiche Einblicke in die Mentalität eröffnenden Spracherscheinung. Bis zur 8. Auflage.(2010) gelangten fast 18000 Exemplare zum Leserpublikum. „Originalton Rheinhessen" (so der Untertitel) war zum regionalen Bestseller geworden. Eine Neuauflage erschien nun fällig*. Die vorliegende „Nachlese“, eine Art nachgeholtes Vorwort nebst Rückschau, befaßt sich mit Entstehung und Charakteristik der „kommentierten Sammlung“ . Auch als Antwort auf die Frage, was sie von mancherlei mundartlichen Lexika, Wörterbüchern von A–Z, unterscheide und darum unverändert Interesse findet.

* * *

In 87 in Rheinhessen verbrachten Lebensjahren, davon 73 auf dem „flachen Land“, dem inneren Hügelland, hörte ich immer wieder eigenartige, zunächst unverständliche Redewendungen, im Alltagsverkehr wie in der Verwandschaft. Zur Passion wurde, sie zu vermerken und ihre Bedeutung zu ergründen. Diese von sprachlicher Neugier und Freude am entdeckten anderen Sprachklang führten zu einer ebenso mühsamen wie erquickenden Beschäftigung mit den Gebilden rheinhessischer Lebenskultur. Sie brachte schließlich „Horch emol!“ zustande. Der Titel fordert dazu auf, die Ohren offenzuhalten für die verstreuten, noch immer gebrauchten, vereinzelt auch in die Hochsprache eingeflossenen Rudimente hiesiger Redeweise. Ist sie doch unverwechselbares Erkennungszeichen einer Landschaft und ihrer Menschen.
Das Buch ist als locker-leichtfüßige Unterweisung gedacht, Originelles wie Absonderliches vermittelnd. Ein Art lokalpädagogisches Anliegen war und bleibt dabei, gewachsenes, von der Gefahr der Überfremdung, durch Anglizismen und andere Unarten, bedrohtes Sprachgut zu erhalten. Nicht als Ersatz für Hochdeutsch, aber gleichberechtigt daneben. Als Lesender so Blatt für Blatt Rheinhessen in dieser Art kennenzulernen fördert zudem „Integration“ im engeren lokalen Rahmen. Nicht zuletzt sind Lesespaß und herzhaftes Lachen erwünscht. Gleichermaßen Nachdenklichkeit beim Verständnis mancher Lebensweisheit in den oft pfiffigen, bisweilen auch derben „volkstümlichen“ Redewendungen.
„Rheinhessen lebt“, auch nach 200 Jahren seines Bestehens, und gewiß auch durch seine Mundart. Wie der Wein prägt sie noch immer das Erscheinungsbild der von Windrädern und Autobahnen optisch so sehr veränderten Region.

* Die Neuauflage ist um etliche Wörter mit Erläuterung, um einen weiteren Beitrag zum Mundartseminar und um diese Nachlese erweitert.

Quellen und Dank

Quellen

Bindseil, Ilse — *Wormser Staregebabbel.* Worms 1982

Brehm, Marie-Luise — *Vun „Hiesische“ und von „Rinngeridchde“*, in: Mir Rhoihesse, herausgegeben von Hans-Jürgen Doss. Wörrstadt 1987

Burkart, Armin — *Ehr tiewe Alser,* Allgemeine Zeitung, Mainz / Alzey, 2014, Nr. 5

Dickmann-Schuth, Irmgard — *Lebenslang Mainzer Dialekt, oder: Der Sieg der Muttersprache über die hochdeutsche Sprechweise,* in: MAINZ 3. Jahrgang (1983) Heft 2

Gierlichs, Eleonore — *Sprüche und Lebensweisheiten,* in: v. Roesgen / Gierlichs, Das Mainzer Volksbuch, Mainz 1994

Hofmann, Heinrich — *Rheinhessische Volkskunde*. Bonn und Köln 1932

Kampe, Franz — *Alser Gebappel*. Alzey 1924

Keim, Anton Maria — *Aufs Maul geschaut.* Betrachtungen zu Redensarten vom Mittelrhein. Mainz 1975

Kleemann, Fritz — *Im Selztal do bin isch dehoam.* Stadecken-Elsheim 1992

Koch,Hans-Jörg — *Wenn Schambes schennt, Rheinhessisch-Mainzer Schimpf-Lexikon*. Alzey 1975 (7. Auflage Alzey 1995)

Koch, Hans-Jörg — *Gelacht, gebabbelt un gestrunzt. Fröhliche Mundart zwischen Rhein und Donnersberg.* Mainz 1964 (7. Auflage Alzey 1992)

Lennig, Friedrich — *Etwas zum Lachen*. 2. Auflage Mainz 1893

Mayer, Ernst — *Rheinhessisch für Fortgeschrittene,* in: Geschichte von Gau-Odernheim, Band 5, Mainz 2006

Reis, Hans — *Mischungen von Schriftsprache und Mundart in Rhein hessen*, in: GERMANIA Neue Reihe XXV. Jahrgang 1892

Renfranz, Hans Peter — *Plädoyer für die Wiedererrichtung der Ortschaft M.,* in: 18 Autoren hören eine Stadt – Mainz laut und leise. Mainz 1985

Schneider, Clemens	*Der fröhliche Grundkurs „Kreiznacherisch“*. Bad Kreuznach o. J.
Schneider, Clemens	*E Schbrachfihrer uff Kreiznacherisch*. 3. Auflage Bad Kreuznach 1990
Schramm, Karl	*Dialekt in Rheinhessen*. Mainz 1973
Schramm, Karl	*Mainzer Wörterbuch*, Mainz 1957. (5. Auflage – bearbeitet von v. Roesgen – Mainz 1992)

Dank

Für freundlich erteilte Abdruckerlaubnis danke ich dem Verlag Schmidt (früher Dr. Hanns Krach), Mainz (zu Renfranz S. 96), ferner Fritz Kleemann (zu S. 99), Dr. Klaus Schmahl (zu S. 100) und Armin Burkart (zu S. 103).

Nützliche Hinweise trugen bei: Peter W. Becker, Alzey; Maria Bengtsson Stier, Malmö/Schweden; Dr. Christoph Biermann, Wörrstadt; Rolf Bindseil, Worms; Bernd Bootz, Alzey; Meike Denzer, Flonheim; Werner Brüchert, Wöllstein; Theodor Eichberger, Armsheim; Dr. Ulrich Graeber, Alzey; Dr. Walter Guckenbiehl, Bornheim; Friedrich Hommel, Überlingen; Wolfgang Jacob, Alzey; Dr. Kerstin Kiefer, Wörrstadt; Dr. Erwin Krebs, Mainz; Irmgard Meffert, Mainz; Doris Müller, Mölsheim; Gerhard Rau, Mörfelden; Hermann Scholl, Gau-Heppenheim; Dr. Walter Schorlemmer, Gau-Odernheim; Christa Schröder, Mainz; Werner Schweickert, Alzey; Heinz Seip, Nierstein; Rudolf Stephan, Alsheim; Jost Strub, Selzen; Götz Wichmann, Sprendlingen; Gretel Wolf, Essenheim.

Ebenso danke ich vielen maulfertigen Rheinhessen jeden Alters und beiderlei Geschlechts für Rede und Antwort beim Wein und auch sonst, unserer wortfruchtbaren Verwandtschaft und meinen Vorfahren, daß sie mich in diesem Land lebendigen Dialekts aufwachsen ließen.

Prof. Dr. Hans-Jörg Koch

ehemals Richter, Weinrechtprofessor, lebt mitten in seiner geliebten rheinhessischen Heimat. Über deren Menschen, Geschichte, Weinkultur, Brauchtum und vor allem Mundart hat er 60 Lebens- und Weinjahre lang zahlreiche Bücher, Fachbeiträge, Feuilletons, Rundfunksendungen geschrieben und Bildbände veröffentlicht sowie die heitere Muse gepflegt.

Jupp Jost †

Main-Hesse, blickte vom Taunus nach Rheinhessen, von wo seine Frau stammt. Nach dem Studium an der Städelschule in Frankfurt am Main seit 1950 freiberuflich tätig. Arbeiten in Malerei, Glasmalerei, Guß, Mosaik und Edelstahl. Ausstellungen im In- und Ausland. Illustrationen zu Kochs „Wenn Schambes schennt“ und „Blarrer, Zappe, Leddeköbb“. Lehrte im Fachbereich Bildende Kunst an der Universität Mainz.

Ebenfalls im verlag regionalkultur erschienen:

Hartmut Keil

5 weitere Grimms Märchen

In rheinhessischer Mundart gibt Hartmut Keil fünf bekannte Märchen der Gebrüder Grimm zum Besten: Der Wolf und die sieben Geißlein, Brüderchen und Schwesterchen, die Bremer Stadtmusikanten, König Drosselbart und Hase und Igel.

72 S. mit 10 Abb., Broschur.
ISBN 978-3-89735-692-4. EUR 9,90.

Rudolf Steffens

Familiennamenatlas Rheinland-Pfalz, Hessen, Saarland

Der Atlas dokumentiert auf farbigen Karten die Verbreitung von Familiennamen, welche für den Westen Deutschlands typisch sind. Bei manchen ist ursprüngliche Bedeutung dieser Namen ist noch einigermaßen erkennbar, hinter anderen verstecken sich interessante Geschichten.

240 S. mit 134 Karten und Tab., Broschur.
ISBN 978-3-89735-750-1. EUR 49,00.

Weitere Mundart-Bücher von Hans-Jörg Koch:

Wenn Schambes schennt. Ein Rheinhessisch-Mainzer Schimpflexikon
Dieses besonders ergiebige Kapitel mundartlicher Schlagfertigkeit dient nicht nur der Erheiterung, sondern erschließt auch eine eigene mundartliche Sprachwelt und leistet somit einen volkskundlichen Beitrag.
256 Seiten, fester Einband, 7., erw. Aufl. ISBN 978-3-87854-116-3. EUR 14,32.

Blarrer, Zappe, Leddeköbb. Ortsneckereien aus Rheinhessen
Die Bildhaftigkeit der Mundart erschließt sich in den Ortsspitznamen. Eine Beerenauslese ländlichen Volkshumors!
336 Seiten, fester Einband. 2., erw. Auflage. ISBN 978-3-87854-121-9 EUR. 14,32.

Allemol! Rheinhessische Lästereien
„Ebbes vun sellem, ebbes vun jenem“: Man könnte die Texte dieses Bandes als rustikale Fundstücke bezeichnen, dazu satirische Anmerkungen zu allem, was dem Autor über die Jahre aufgefallen ist. Leute ohne Humor seien gewarnt!
112 Seiten, Broschur, 2. Auflage. ISBN 978-3-87854-224-7. EUR 9,80.